AN EMPIRICAL STUDY OF THE FACTORS AFFECTING FARMERS' WILLINGNESS TO GROW POTATOES FROM THE PERSPECTIVE OF POTATO STAPLE FOOD PROJECT

“马铃薯主粮化”研究系列丛书

马铃薯主粮化视角下
农户种植意愿影响因素实证研究

• 岳晓甜 郭燕枝 著 •

中国农业科学技术出版社

图书在版编目（CIP）数据

马铃薯主粮化视角下农户种植意愿影响因素实证研究 / 岳晓甜，郭燕枝著. —北京：中国农业科学技术出版社，2018. 11

ISBN 978-7-5116-3846-5

Ⅰ. ①马… Ⅱ. ①岳…②郭… Ⅲ. ①马铃薯-作物经济-农户-种植-影响因素-研究-中国 Ⅳ. ①F326. 11

中国版本图书馆 CIP 数据核字（2018）第 196769 号

责任编辑 徐 毅
责任校对 贾海霞

出 版 者 中国农业科学技术出版社
北京市中关村南大街 12 号 邮编：100081
电　　话 (010)82106636(编辑室) (010)82109702(发行部)
(010)82109709(读者服务部)
传　　真 (010)82106636
网　　址 http://www.castp.cn
经 销 者 各地新华书店
印 刷 者 北京富泰印刷有限责任公司
开　　本 710mm×1 000mm 1/16
印　　张 7. 5
字　　数 100 千字
版　　次 2018 年 11 月第 1 版 2018 年 11 月第 1 次印刷
定　　价 35. 00 元

《“马铃薯主粮化”研究系列》

丛书编委会

摘　要

自2013年国家提出马铃薯主粮化战略以来，马铃薯及马铃薯主粮化受到社会各界的广泛关注。2016年农业农村部发布了《关于推进马铃薯产业开发的指导意见》，2016年和2017年连续2年中央1号文件、2017年国务院发布的《国民营养计划》等都明确提出了要积极推进马铃薯主食产业开发。

马铃薯主粮化就是将马铃薯及其产业由原料生产向产业化系列加工产品生产、由副食向主食、由温饱消费向营养健康消费转变的过程。马铃薯在中国的历史悠久，并且具有营养价值高、适应性强和单产潜力大等优点。马铃薯主粮化将是新时代保障国家粮食安全、优化农业产业结构布局、改善居民膳食结构的有力抓手。

截至目前，随着马铃薯主粮化战略的持续推进，马铃薯主粮化专用品种选育已经基本成功，马铃薯馒头、面条、糕点等马铃薯主食产品已经陆续与消费者见面，各种形式的马铃薯主粮化宣传也逐渐深入民心。本书就是在这样的背景下，进一步探索马铃薯主粮化推进过程中，农户的种植意愿及其影响因素，目的是为国家马铃薯主粮化战略的推进，提供农户生产方面的决策支持。

本书的主要研究思路是在梳理主粮化背景的基础上，提出对主粮化目标实现的几点思考。认为，马铃薯主粮化的推进需要多管齐下，合力推进，但同时也离不开农户种植层面的大力支持。为此，本书分析了中国马铃薯产业发展的现状及种植方面面临的突出问题，并以中国马铃薯重要的种植区域——西北甘肃3个区（县）、12个乡（镇）、共计24个村的362个农户为调研对象，开展实地问卷调研，利用Logistic模型方法，分析了农户种植马铃薯的行为及其主要影响因素。

研究结果表明，影响农户选择种植马铃薯的主要因素有6个，其中，农户文化水平、政策了解程度、家庭收入、相关补贴、健全的产业体系等对农户选择种植马铃薯具有积极影响，而农户种植马铃薯的年限对马铃薯种植具有负面影响。初步说明，马铃薯主粮化提出以来，一批新型经营主体，捕捉到国家马铃薯主粮化战略的信息，对马铃薯产业充满期待，有较高的种植意愿。

基于以上研究，本书提出从农户层面推进马铃薯主粮化的一些政策建议，如加强马铃薯主粮化战略的宣传引导；尽快建立健全马铃薯生产扶持体系；推广脱毒种薯；制定马铃薯价格稳定政策等。

关键词：马铃薯主粮化，种植意愿，影响因素

Abstract

Potato and the potato staple food project has received extensive attention from all social circles since China put forward the potato staple food project in 2013. "Guidelines on potato staple food industrialization" issued by the Ministry of Agriculture and Rural Affairs in 2015, No. 1 document of 2016 and 2017, the national nutrition program issued by the State Council in 2017 and so on, they have clearly proposed to actively promote the development of the potato staple food industry.

Potato staple food project is the transformation process of potato and its industry from raw material production to production of series of processing products, from non-staple food to staple food, from food and clothing consumption to nutrition and health consumption. Potatoes have a long history in China, and it has the advantages of rich nutritional value, wide adaptability and high yield potential. Potato staple food project will be a powerful measure to ensure national food security, optimize the distribution of agricultural industrial structures and improve the dietary nutrition of residents in the new era.

Up to now, with the continuous advancement of potato staple food project, the breeding of potato special varieties of potato staple food project has been basically successful, potato steamed bread, noodles, pastries and other potato staple food products have been introduced to consumers, various forms of potato staple food publicity have also gradually penetrated into the hearts of the people. In this background, this book is to explore farmers' planting willingness and influencing factors in the propulsive process of potato staple food project. The aim is to provide decision-making support for farmers'production in the propulsive process of potato staple food project.

The main research idea of this book is to put forward some thoughts on the realization of the goal of the potato staple food project on the basis of combing the background of the potato staple food project. It is believed that the progress of potato staple food project needs to be carried out by multiple pipes and joint efforts, but at the same time, it is also inseparable from the strong support of farmers in planting. Therefore, the book analyzes the current situation and outstanding problems of potato industry development in China, takes 362 farmers from important potato planting areas in China——3 counties, 12 townships and 24 villages in Gansu province, northwestern China as the research object, carries out a field survey, analyzes behaviors of farmers planting potatoes and its main influencing factors by using the Logistic model method.

The results show that there are 6 main factors influencing farmers' choice of planting potatoes, among which cultural level, the understanding of potato staple food project, family income, degree of subsidy policy and degree of perfection of the industrial system have positive impacts on farmers' choice of potato planting, while planting history has a negative impact. It is preliminarily indicated that since the potato staple food project has been put forward, a number of new business entities have captured the information of national potato staple food project which are full of expectations for the potato industry and have high willingness to grow.

Based on the above research, this book puts forward some policy suggestions on promoting potato staple food project from the peasant household level, such as strengthening publicity and guidance of the potato staple food project, establishing and improving the support system for potato production, popularizing virus-free seed potato, formulating price stabilization policy of potatoes and so on.

Key words: Potato staple food project, Planting willingness, Influence factors

目　录

第一章　引　言

一、研究背景与意义

（一）研究背景

马铃薯是世界公认的第四大粮食作物，在中国已有 400 多年的栽培史，粮食紧缺时代，马铃薯是中国居民重要的粮食作物来源，并发挥了不可替代的粮食保障作用。直到现在，马铃薯不仅在全国都有广泛种植，仍有部分地区如河北坝上、西北干旱半干旱区以及西南高原高寒地区等继续延续传统的饮食习惯，将马铃薯作为重要的主食来消费。

随着经济社会的快速发展，马铃薯以其营养全面、热量低、膳食纤维高等诸多优点，适应了现代居民对主食消费的新期待和新需求，是欧美、非洲等地区很多国家的主要食物。2011 年白俄罗斯的马铃薯年人均消费量达到 185.2 千克，居世界第一，中国只有 41.2 千克，世界排名第 65 位，说明中国马铃薯消费空间潜力巨大。

2013 年，农业农村部从确保国家粮食安全、促进农业可持续发展以及满足居民膳食结构转型升级的角度，提出了马铃薯主粮化战略并受到政府和业界的广泛关注。2016 年农业农村部发布《关于推进马铃薯产业开发的指导意见》，并提出马铃薯产业发展目标，即到2020年，马铃薯种植面积扩大到1亿亩（15亩=1公顷。全书同）以上，总产达到1.3亿吨左右，主食消费占马铃薯总消费量的30%。从中国马铃薯产业现状来看，近10多年来，马铃薯种植面积和产量有所发展，总产量和种植面积一直稳定在9 000万吨和8 000万亩左右，近几年有所波动，但变化幅度不大；从马铃薯用途来看，马铃薯作为鲜食菜用的比例达到60%，主食消费比重不足20%，其他约20%。要想实现马铃薯产业的跨越式发展，需要从马铃薯生产、加工、消费、政策等多方面发力。

为促进马铃薯主食产业化发展，国家先后出台了一系列政策文件，如2016年“中央1号文件”明确提出“优化农业生产结构和区域布局，树立大食物观，积极推进马铃薯主食开发”，2017年“中央1号文件”又提出“实施主食加工业提升行动，积极推进传统主食工业化、规模化生产，大力发展方便食品、休闲食品、冷冻食品、马铃薯主食产品”；2017年，将“建立和完善食物营养标准体系，强化营养主食、继续推进马铃薯主食产品研发与消费引导，以传统大众型、地域特殊型、休闲功能型产品为重点，开展营养主食的示范引导”列入国务院办公厅发布的《国民营养计划》。

总之，马铃薯主粮化已经在中国大地上陆续展开，以马铃薯主粮化为背景，相关的马铃薯主粮化专用品种培育、主食产品研发、区域布局、健康效用评估等工作有序推进。在此基础上，本书选取马铃薯主产区之一，即西北干旱半干旱区域的甘肃为代表，分析其马铃薯产业发展的现状、种植方面的突出问题以及影响马铃薯种植意愿的主要因素，将为马铃薯主粮化战略的全面推进和政策制定，提供重要的产业数据和理论支撑。

（二）研究意义

理论意义层面，自2013年马铃薯主粮化战略提出以来，业界对我国马铃薯产业各方面的研究都不断深入，特别是要实现《关于推进马铃薯产业开发的指导意见》提出的目标，需要生产、加工、消费、引导等多管齐下，共同发力，而马铃薯种植农户种植意愿的研究也十分必要，该研究能够完善主食产业化研究内容、丰富主食产业化研究理论体系，同时，为国家制定相关扶持政策提供理论支持。

实践意义层面，马铃薯作为第四大粮食作物，在宏观研究马铃薯生产的基础上，对马铃薯种植主体进行研究，分析影响马铃薯种植农户种植行为的因素，提出优化马铃薯种植农户生产种植行为的思路与对策。其实践意义在于可以通过对马铃薯种植农户种植行为的分析，获得影响农户种植马铃薯的促进及限制因素，提出配套性措施，优化马铃薯种植结构，保障我国粮食安全。也通过对马铃薯种植农户种植行为的理论分析和实证检验，进一步明确农户种植行为的选择偏好及影响因素，为国家及各级地方政府制定马铃薯生产激励机制以及支持马铃薯主粮化战略的措施，提供数据和理论支撑。

二、研究目的与内容

（一）研究目的

从微观经济主体出发，借助实际调研数据，探讨农户种植马铃薯的行为特征及现状，分析影响农户生产种植行为的主要因素。具体来看，有 3 个方面：一是分析我国马铃薯产业发展现状及种植方面面临的突出问题；二是调查典型区域的农户生产种植行为，构建模型，分析影响农户生产种植行为的影响因素；三是提出马铃薯种植环节的政策建议，以促进马铃薯主粮化战略的顺利实施。

（二）研究内容

（1）本书首先对我国马铃薯产业现状、种植方面存在的问题以及马铃薯主粮化的提出及目标分别进行阐述。同时，对相关研究进行梳理，并基于产业理论、行为理论、方法理论，构建本研究的理论基础。

（2）对调研所在地甘肃省的马铃薯产业现状进行简介，结合调研地区实际情况，设计调查问卷，深入调查农户种植马铃薯的意愿及其影响因素。构建 Logistic 模型，用 STATA12.0 软件对数据进行分析处理，并在此基础上对模型的结果进行分析解释。

（3）通过对甘肃省定西市农户种植意愿影响因素的分析，提出马铃薯主粮化背景下，促进马铃薯产业发展及提高农户种植意愿的政策建议。

三、研究方法与技术路线

（一）研究方法

1. 文献查阅法

参考相关文献资料和理论著作，通过多种途径获得关于马铃薯产业、马铃薯主粮化、农户种植意愿方面的相关信息、数据。

2. 问卷调查法

根据不同地区的生产种植特点，设计调查问卷，了解当地农户的基本情况。

3. 实地调研法

对马铃薯种植情况进行实地调研和数据采集，并对当地农户进行关于生产种植方面的调查。

4. 统计和计量分析法

第一，对调研所得到的样本数据进行描述性统计分析，全方位考察农户种植马铃薯的意愿及影响因素；第二，建立计量分析模型，选取相关变量、整理数据，研究农户种植意愿影响因素的显著性和相关性。

（二）技术路线图

技术路线，见下图所示。

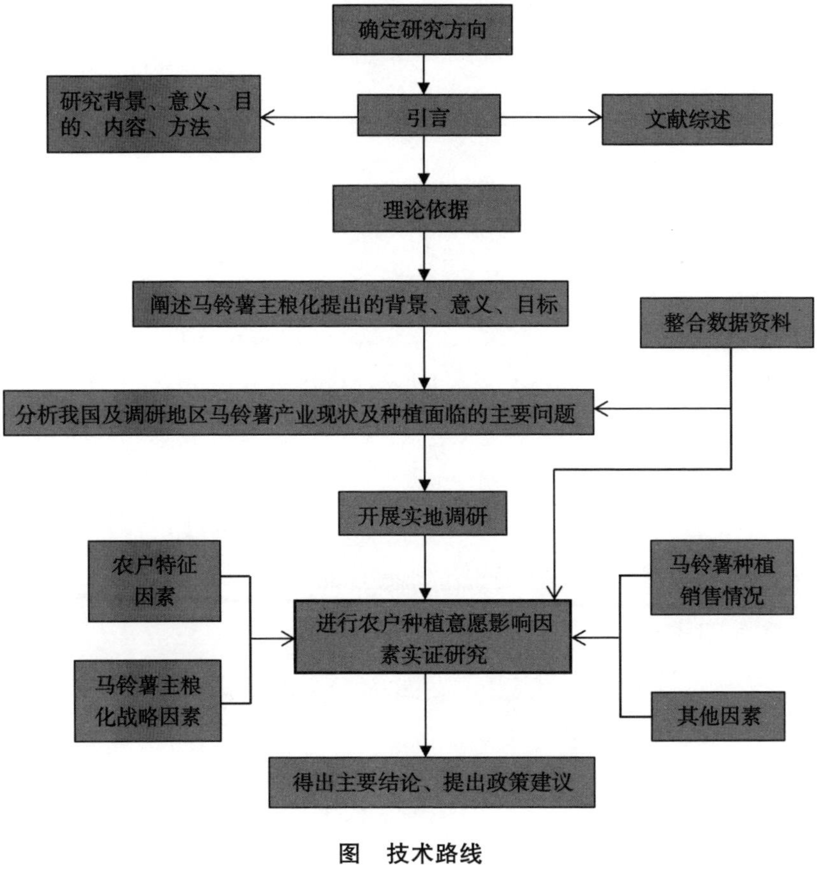

图 技术路线

四、创新点

马铃薯主粮化战略作为国家全局性战略，涉及品种、生产、加工、产品、政策、消费引导等多个方面，产业链条很长。本书的创新点在于将研究主体放在马铃薯产业链的最基本层面，即种植农户，研究马铃薯种植农户的种植意愿及其影响因素，从马铃薯产业链的开端出发，补充目前在此层面上马铃薯主粮化战略的研究内容，从而为马铃薯主粮化战略的全面推进和政策制定，提供重要的产业数据和理论支撑。

第二章　理论基础与研究综述

一、理论基础

（一）产业理论

1. 产业结构理论

产业经济的发展和产业结构的变迁，是一个国家或地区经济发展的直接表现，经济健康发展的前提是合理均衡的产业结构，因此，要求产业结构必须符合生产力发展水平和市场需求变化，经济资源必须在各个产业之间合理配置，才能促使经济持续协调发展。

马克思最早对产业结构理论进行了分析，他指出，在资本运动的过程中，产业结构的形成是十分重要的，产业结构的形成、变动、协调发展将促进整个产业发展进步。同时将农业和工业区分开来，进行系统的分析。

列宁、毛泽东提出的产业结构理论把社会主要生产部门划分为农业、轻工业、重工业。列宁是最早区分重工业和轻工业的人。毛泽东则根据当时中国国情，提出需要将农业、轻工业、重工业结合起来，协调发展，提出国民经济计划的思想。

当代西方经济学的产业结构理论主要是三次产业分类法，即把全部经济活动分为第一产业、第二产业、第三产业。

目前，我国正处于产业结构转型与升级阶段，第一产业比重呈现下降趋势，并自身内部进行结构改善；第二产业比较稳定，但仍有很大发展空间；第三产业在国民经济中的比重逐渐上升，并呈现较快发展态势。

2. 产业发展理论

产业发展理论是研究一个或多个产业发展过程中的规律、影响因素、资源配置等问题。产业发展的过程主要包括产业形成、产业成长、产业成熟、产业衰退 4 个阶段，产业发展理论就是主要研究这 4 个阶段中的发展规律、发展周期、构成要素、产业政策等问题，深入研究这些问题，才能增强产业发展的竞争力，促进产业的可持续发展，进而促进整个国民经济的发展。

产业发展过程是一个受多种因素影响的复杂过程，在这个过程中，如果产业的竞争力强，就有助于产业的形成，并迅速吸纳社会资源，技术快速进步，占领广阔市场，扩大市场容量，实现产业成长，进而走向产业成熟，甚至理想地延长市场的成熟期。相反，如果产业的竞争力弱，产业就必然会走向衰退。产业系统包含了若干要素，它们相互区别又相互联系，并在特定的条件下可以组成具有特定功能的有机结合体。

目前，我国农业产业发展理论主要集中在农业产业化、农业工业化和农业产业链管理等方面，对农业产业发展理论进行研究，有助于稳定我国农业产值，保障粮食安全，为我国其他产业奠定坚实后盾。

3. 产业集群理论

产业集群理论是在区位理论基础上发展而来的。马歇尔认为，产业集群是外部规模经济所致，并且，通过产业规模扩大引起的变化和技术信息的传播来说明产业集群现象。但是马歇尔理论中忽略了区域内部企业的变动以及与外部的关系。韦伯从微观企业的区位选择角度，阐明了企业聚集的优点和缺点。但是韦伯的研究忽略了社会文化历史因素。波特认为，产业集群一般在 3 个方面进行竞争，即生产效率、创新速度和新企业的建立。保罗·克鲁格曼认为，经济活动的聚集与规模经济有紧密联系，他从理论上证明了工业活动倾向于空间聚集的一般趋势。

20 世纪 90 年代以来，产业集群理论把区域看作一个整体，对于我国农业产业而言，主产区的集群优势尤为明显，加强对我国农业主产区的产业研究，有助于提高整个产业发展规模，提升主产区的竞争优势，这对于提升国家竞争力有重要作用。

4. 马铃薯产业研究

马铃薯起源于南美洲，在国外发达国家，一直被视为主食类食品，因此，国外马铃薯产业已非常成熟。早在 1929 年，John Habvey Kellogg（1929）就发文称马铃薯是最好的主食；M. Wandel（2001）就挪威在 1976—1995 年马铃薯消费量在不同阶段的变化过程进行了居民电话和问卷调研，并分析了产生这种变化的原因；NeBambi Lutaladi（2009）指出马铃薯是世界头号非谷类食品类商品，其消费量在发展中国家正稳步增加，并且，他认为马铃薯在发展中国家的粮食、就业和收入保障方面发挥着日益重要的作用；Biing-Hwan Lin（2004）通过使用美国农业农村部发布的 1994—1996 年个人食物摄入量调查数据，分析了 6 种马铃薯食品在美国不同消费场所、地域和人群中的消费分布。

马铃薯传入中国已有 400 多年，目前，国内学者对马铃薯产业的发展已有了一定的研究。

杨映辉、杜维春（2014）通过宏观的研究，阐述了马铃薯产业是中国农业的重要优势产业，并详细阐述马铃薯产业在我国农业中所占据的重要地位和发展马铃薯产业的重要意义。杨红旗、王春萌（2011）通过对马铃薯生产现状的研究，总结出目前我国马铃薯生产存在的制约因素并分析原因，说明我国马铃薯未来的生产应继续优化品种与区域布局、加快生产技术推广应用、推动加工业发展等。陈冠礼、王毅（2012）对我国南方地区冬种马铃薯机械化发展过程进行了分析，总结其中的问题和制约因素，提出加快产业建设、科技创新等方面的合理建议。韩黎明、童丹（2016）对我国马铃薯产业相关质量标准进行整理、对比，讨论我国现有标准的不足以及如何进行标准的制定和使用，提出了战略性的政策建议。

随着国内对马铃薯产业研究的逐步深入，2008 年农业农村部发布的《马铃薯优势区域规划》，将我国马铃薯规划为东北、华北、西北、西南和南方冬作区 5 个优势区域。高广金、李求文（2016）通过对包含中原区在内的实际 6 个生产区的生产现状的研究分析，阐述了马铃薯种植区域的生产规划以及应该重视具有巨大潜力的区域，为实现马铃薯生产突破性进展提供的有力支持。钟鑫、蒋和平、张忠明（2016）运用综合比较优势指数法和灰色系统预测模型，对马铃薯主产区的比较优势及其变化趋势进行分析，结果显示，我国马铃薯生产的优势区域是西北、西南地区，中心逐步从东北、西北向西南地区转移，各个马铃薯主产区也形成了适合本区域的栽培模式。

（二）行为理论

1. 行为科学理论

行为科学理论产生于20 世纪30 年代，这是一门研究人类行为的科学，以“社会人”为前提假设，“以组织中人的问题为中心，从动态的角度和社会心理方面研究人的因素对行为组织的影响及其相互关系。”行为科学理论揭示了行为的一般规律，即人的行为受到目标的支配，人的行为都是有目的性的，是人们为了实现这个目标而自主采取的行动，当人们实现了一个目标，就会产生的新的目标，周而复始，就形成了人们的一系列活动。行为科学对研究人的基本行为规律以及其他相关领域都有参考作用（赵壹，2004）。

2. 行为经济理论

行为经济学是经济学和心理学联合的产物。就国外而言，行为经济学发源于20世纪中期，并于20世纪90年代取得了长足的进步。在国内，行为经济学于90年代中期开始兴起，国内学者研究国外经济学理论已得的成果，并对其进行评价，把与我国国情相关的内容应用到国内的研究中（彭文兵，2001）。

行为经济理论的分析方法主要有实例研究法、实地研究法和实验研究法。该理论研究人们在经济活动中的决策行为，分析其产生决策的过程，从而分析人们在经济活动中作出决策的心理、态度和期望以及它们的规律（沙靖宇，2012）。

3. 农户行为研究

美国华裔著名学者黄宗智（1986）通过对中国20世纪30—70年代的小农经济的研究调查，提出效用最大化是最能影响小农经济行为的因素。Gonzales，L. A D.（1993）、Damasco-tagarino（1996）基于菲律宾蔬菜种植户的相关数据，利用复杂分析模型（CAM）进行分析，提出农户会根据自身情况和农作物特征进行综合考虑，从而确定自己的种植行为。美国学者马若孟（1999）通过对山东和河北的调研，提出中国的农村市场存在很高程度的竞争性，农户会根据市场的具体情况而理性地进行农业种植。Nigeletal（2000）在研究中发现农户的种植行为受到种植成本的影响比较大。Elizabeth J. Austin等（2001）通过对调研样本中的经济行为进行研究，利用结构均衡模型（structural equation models）进行分析，指出人工成本对农户的种植行为有着重要的影响。

随着对农户行为研究的意义更加深刻，国内的研究者通过分析国外农户行为理论已得成果，结合我国实际情况，对农户行为理论进行扩展研究。

张晓平（1999）对农村土地可持续利用的农户行为做了研究，表明无论是宏观因素还是微观因素都可能影响到农户的土地利用投资行为。史清华（2003）提出，农户的家庭收入、生产结构、家庭规模等方面都对农户生产种植行为有所影响。温思美等（2002）通过对农户非农化经营的调研，指出市场信息的获得情况、成本高低、收益情况、风险高低对农户选择兼业具有影响。傅晨（2000）、池泽新（2003）、王志刚（2005）、胡豹（2005）通过对农户行为特征和影响因素的调研，指出影响农户行为的因素大多包含内部因素和外部因素。李玉勤（2010）通过对山西杂粮种植农户的调研分析，指出市场价格、销售环境、政府支持政策、种植成本对农户种植意愿有显著影响。王娜、高瑛（2015）研究了影响农户种粮决策行为因素及之间的关系，提出年龄、文化程度、种粮规模、国家粮食支持政策、是否参加粮食生产合作组织、粮食价格、生产信息获取情况、农技推广力度是影响农户种粮决策行为的 8 个关键因素。

（三）方法理论

1. 均衡分析、非均衡分析

英国经济学家马歇尔（Alfred Marshall）把均衡分析这一概念引入经济学中，主要指经济中各种对立的、变动着的力量处于一种力量相当、相对静止、不再变动的境界。经济学中，均衡是一种相对静止的状态，即经济行为人认为所有条件已经满足利益最大化的情况，通过改变已有条件已经不能再增加收益；或者 2 种相反的力量相互制约，使相关事物不再发生变化的情况。

非均衡是与均衡相对而言的。非均衡强调预期的不确定性，因为，在现实经济生活中，完全均衡的情况是不存在的，现实中存在大量不公平的情况。

2. 静态、动态分析

静态分析法是根据既定的外生变量值求得内生变量的分析方法，对已经发生的经济活动成果，进行综合性对比分析的一种分析方法。

动态分析是对经济变动的实际过程所进行的分析，包括在一定时间内相关变量的变化，在一个时间点上变化的速度等。

3. 定量分析、定性分析

定量分析是指从数量上分析研究对象及其之间的关系，研究的结果也用“数量”加以描述。定量分析是从实证主义出发，提出假设，重视实验，收集资料，把观察实验方法与数学演绎形式结合起来。定量分析强调客观性，分析各个变量之间的相互关系，需要建立数学模型，并利用模型得出结论（刘霞，2007）。

定性分析是指分析研究对象的构成因素，确定构成因素后，再根据实际情况选择合适的方法进行定量分析。定性分析强调分析者的直觉和经验，通过分析现象的特点、发展规律做出判断。

定性分析与定量分析是相辅相成的，定性分析是定量分析的基本前提，没有定性的定量是一种盲目的、毫无价值的定量；定量分析使定性分析更加科学、准确，它可以促使定性分析得出广泛而深入的结论（崔岩，2011）。

二、研究综述

（一）马铃薯及主粮化

自 2013 年马铃薯主粮化战略提出以来，国内对于马铃薯主粮化的研究又有了进一步的深入。

卢肖平（2015）分析了世界马铃薯生产和消费特征，指出我国实施马铃薯主粮化战略的重要意义以及我国目前马铃薯产业现状中制约马铃薯主粮化的因素，进而应在消费引导、科技研发等方面进行支持。李文娟等（2015）对比了世界与中国马铃薯产业的现状，提出推进马铃薯主粮化应该注重宣传引导，同时，在推进马铃薯主食产品加工和马铃薯专用品种培育上多下功夫，努力降低成本，让大众能够接受新型主食产品。庞昭进等（2015）从生态环境角度提出在河北省地下水超采区发展马铃薯生产应采取的技术和对策，为推进马铃薯主粮化战略的实施提供支持。赵婧等（2015）通过对马铃薯主粮化的重要意义、甘肃省马铃薯生产具备的优势和条件的综合分析，指出甘肃省全面推进马铃薯主粮化进程所需要重点开展的项目和政策建议。吴延（2015）通过对马铃薯主粮化内涵的解读，提出马铃薯主粮化需要关注种植技术，应继续对现有技术进行升级更新，研发新型技术，促进马铃薯主粮化战略的实施。梁岩（2015）认为我国具备马铃薯主粮化的优势条件，应大力推进其尽快实施，从而保障我国粮食安全，促进种植结构改革。刘小林（2015）通过对粮食的需求和供给 2 个方面进行研究，指出推进马铃薯主粮化战略对保障我国粮食安全具有十分重要的积极影响。王希卓等（2015）对马铃薯主粮化概念进行了分析解释，让广大民众了解马铃薯主粮化战略，正确认识马铃薯主粮化行为，消除大众对马铃薯主粮化战略的疑惑，促进其快速发展。樊伟芳等（2015）分析了浙江省马铃薯产业的发展优势、存在问题及对策，提出要实现马铃薯主粮化，着重要改变消费者的营养观念和消费观念，注重营养、消费、生产的相关性。陈萌山、王小虎（2015）通过对马铃薯主食产业化背景的分析，提出了马铃薯主食产业化的推进路径，指出马铃薯主食产业化科技创新的重点与目标，分析了马铃薯主食产业化的综合效益，为中国马铃薯主食产业化的发展提出政策建议。高广金、李求文（2016）主编的《马铃薯主粮化产业开发技术》一书，详细阐述了国内外马铃薯产业发展情况、我国发展马铃薯产业的重要意义、我国马铃薯种植现状以及马铃薯产业发展的政策支持，并提出了促进马铃薯主粮化进程的政策建议。

自马铃薯主粮化战略实施以来，社会对于马铃薯产业、马铃薯主食产品的关注度大幅提高，这就要求马铃薯生产种植阶段必须更加高效高质，通过研究马铃薯主粮化的相关政策、现状、存在问题以及未来展望，更加准确的把握马铃薯主粮化战略的真正内涵和实际意义，从而保障我国粮食安全。

（二）种植意愿及其影响因素

由于农业生产具有自然属性和社会属性双重特性，所以，决定了农业生产具有不确定性。国内学者在借鉴国外已有研究成果的基础上对研究农户行为的相关模型进行了拓展。近年来，农户模型已经开始在中国得到应用。

刘莹、黄季焜（2010）运用宁夏回族自治区的调研数据和多目标种植决策模型进行分析，指出农户的种植行为受到农户最终期望的影响，即农户设定的收益目标很大程度上决定了农户的种植行为，这个目标是多样性的，同时，利润风险和劳动力投入也是农户种植行为的影响因素。李维（2010）基于湖南省调研数据，指出一般环境因素、家庭环境因素、个人素质因素对农户种植意愿的影响程度依次减小。高升（2011）基于湖南省的调研数据，指出农户的种植意愿与农户年龄、家庭收入、耕地面积、文化程度、培训情况、市场信息获取情况有关。张婷（2012）基于四川省调研数据，指出农户的种植行为与预期收益、文化程度、家庭收入、种植成本等有关。龙方等（2012）基于湖南省调研数据，指出影响农户种植意愿的因素有四大类，即农户自身情况、农户粮食生产情况、农户对粮食生产的态度、农户对政府投入的态度。宋金田、祁春节（2012）基于我国柑橘主产区的调研数据，指出农户种植意愿与农户年龄、是否参加过技术培训、种植年限、是否了解市场行情等有关。唐娟莉（2013）基于陕西省调研数据，指出农户种植意愿受到农户年龄、种粮规模、种粮目的、农户受教育程度等的影响。童毅（2014）基于江苏省稻作农户调研数据，指出农户种植行为受到是否拥有农业机械、家庭经营主业、农业补贴收入、水稻亩均产量、种植水稻的劳动时间、户主是否接受过非农就业培训、非农就业净收入、当地非农就业机会等的影响。陆倩、孙剑（2014）通过对湖北省调研数据的分析，指出农户种植意愿与农户的性别、文化程度、兼业程度、家庭收入、对转基因作物的认知程度等有关。张瑞娟、孟庆国（2015）运用全国调研数据，采用 Logit 模型分析种粮面积变化的影响因素，结果表明：资源禀赋越好，种粮面积越大，经济作物收入越多，种粮面积越小，农户打工收入的影响并不显著，种粮补贴有正向的影响。王亚坤等（2016）通过对 3 省 5 市 268 户谷子种植户的调研数据，指出农户种植意愿与户主个人基本情况、农户家庭情况、农户农业生产情况、谷子生产情况等 4 个方面有关。

可以得出，目前我国关于农户种植意愿影响因素的研究已经非常全面，影响农户种植意愿的一般性因素也已经清晰明确。本书基于马铃薯主粮化背景，将综合考虑马铃薯主粮化战略进程中的各种发展现状和问题，考虑调研地区实际情况，选取合适本研究的马铃薯种植意愿影响因素相关变量。

第三章　马铃薯主粮化的提出及目标

一、马铃薯主粮化提出的时代背景和意义

（一）马铃薯主粮化提出的时代背景

近 10 年以来，中国马铃薯产业持续发展，但在生产方面，种植面积和总产量长时间维持在 8 000 万亩、9 000 万吨左右，未能实现较大的突破。同时，随着居民慢性病发生趋势的上升，对主食营养结构转型升级的需求非常迫切（陈桂权，2015）。因此，为了突破马铃薯产业发展的限制、进行居民营养结构改善，马铃薯主粮化意义重大。

就目前来说，制约马铃薯产业发展的主要因素还是消费思路和消费模式较为单一，马铃薯的消费总体来说是内部的此消彼长，例如，鲜食菜用、淀粉加工、薯片等，无法在其他领域实现马铃薯消费的增长。而就我国而言，主食产品很少有马铃薯的加入，国民最多食用的馒头、面条、米饭，如果能够由马铃薯代替其中的大米或小麦的十分之一，则可以大大增加马铃薯的鲜薯消费。近年来，由于膳食结构不合理，居民超重、肥胖比率增加迅速，高血压、糖尿病等慢性病患病率也明显加速增长，所以，膳食结构的改善十分迫切。马铃薯热量低、营养全面，可以改善目前我国主食产品营养结构趋同、热量高的问题，从而更好地保证居民的膳食结构平衡和身

体健康（樊晓迪等，2016）。

（二）马铃薯主粮化提出的时代意义

马铃薯主粮化是农业农村部为增加保障国家粮食安全措施、改善居民者膳食结构、优化调整种植业布局而提出的重大战略，是马铃薯由副食消费向主食消费的战略转变（梁岩，2015）。

1. 保障国家粮食安全方面

近年来，我国粮食产量持续增长，但随着城镇化的推进和人口的增加，总耕地面积和人均耕地面积呈现减少趋势，并且我国水资源分布不均，不少地区严重缺水。马铃薯具有适应性强的优点，在高水肥和寒旱瘠薄的环境下均可生长，且产量高于相同条件下的其他作物（冯华，2015）。马铃薯的理论单产可以达到 8 000 千克/亩（1 亩≈667 平方米。全书同），目前我国只有 1 154 千克/亩左右，还有巨大的提升空间，而小麦、玉米单产已经达到或接近最高水平，单产提高空间有限。因此，马铃薯主粮化战略的实施有助于挖掘生产潜力，保障国家粮食安全。

2. 改善居民膳食结构方面

近年来，人们的生活水平不断提高，人们不单单满足于温饱，而更多的追求食物营养结构的平衡，“三高”等慢性病患病率的增加更是让改变消费习惯、改善膳食结构成为迫切需求，马铃薯有助于解决这些问题。马铃薯富含蛋白质、维生素和各种矿物质如钙、钾等，都是目前居民缺乏较多的营养物质，并且，马铃薯脂肪含量较低，热量也远低于小麦、大米，有利于抑制肥胖、“三高”等患病隐患（冯华，2015）。因此，对改善居民膳食结构、满足人们对营养多样化的要求具有重要积极作用。

3. 优化生产种植布局方面

我国幅员辽阔，各地地形、气候差异比较明显，不少农作物无法适应气候条件较差、干旱缺水的地区。而马铃薯具有非常好的适应性，它的种植范围非常广泛，因此，在不少地区都具有一定的种植优势。在不与其他三大主粮作物争地的前提下，马铃薯可以与其他作物套作或者连作，提高耕地的利用率；马铃薯生育期需要水分较少，可以在雨养农业中发挥重要作用；马铃薯不但适宜在西北干旱半干旱地区和冬闲田资源丰富的南方地区种植，也适合在华北地下水超采区推广种植。对于优化种植结构，马铃薯主粮化可以做出突出贡献（梁武等，2015）。因此，马铃薯主粮化战略的实施有助于调整种植布局，缓解资源环境压力，实现农业可持续发展。

4. 促进马铃薯产业整体发展方面

马铃薯主粮化涉及生产、加工、消费等各个环节，马铃薯进入主粮作物行列，将促进整个产业持续发展，实现转型升级。增加生产数量、提高产品品质、合理利用资源、促进消费方式转变、促进科学创新，这些都可以推动整个马铃薯产业的高效可持续发展，促使马铃薯产业实现高端转型，实现“增产、节本、增效”。因此，马铃薯主粮化战略的实施有助于马铃薯整个产业链的转型升级。

5. 促进马铃薯加工业发展方面

马铃薯主粮化的推进，将促使大众实现对马铃薯消费观念的改变，从而进一步增大对马铃薯加工产品的需求，带动马铃薯加工产业的快速发展。目前，马铃薯常见的加工产品有淀粉、全粉、薯片等，通过马铃薯主粮化的推进和消费者多样化的需求，马铃薯加工产品必将进行更新换代，从而带给马铃薯加工产业新的活力（刘小林，2015）。同时，马铃薯加工产品不仅仅在食用方面有所应用，在其他领域也有一定应用价值。因此，马铃薯主粮化战略的实施有助于促进马铃薯加工产业的蓬勃发展，增强加工转换能力。

6. 马铃薯产业的经济、社会效益方面

马铃薯有很大的增值空间，加工产品附加值较高，马铃薯主粮化使得马铃薯主食产品具有较高的经济效益。同时，随着马铃薯主粮化的推进，国家出台了许多支持政策，各个行业的资源进入马铃薯产业，在生产、加工、储藏、机械设备等方面都有一定应用（赵婧等，2015）。伴随着马铃薯产业的发展，将会为大众提供更多的就业机会；需求的增加会给马铃薯种植农户及加工企业等带来多样化的效益。因此，马铃薯主粮化战略的实施有助于提高马铃薯产业带来的经济效益和社会效益。

二、马铃薯主粮化的总体目标

马铃薯主粮化就是要把马铃薯由副食变为主食，由家庭或作坊式生产加工变为工厂化生产，使之与米面结合，变成符合中国传统消费习惯的蒸煮型新型产品，如马铃薯馒头、面条、面包和糕点等（刘小林，2015），缓解我国粮食安全压力，改善居民膳食营养结构。2016 年，农业农村部发布的《关于推进马铃薯产业开发的指导意见》明确提出：到 2020 年，马铃薯种植面积扩大到 1 亿亩以上，总产达到 1.3 亿吨左右，主食消费占马铃薯总消费量的 30%。

1. 扩大种植面积

农业农村部提出“在不挤占三大主粮耕地”的前提下，2020 年，马铃薯种植面积达到 1 亿亩以上，2016 年，我国马铃薯种植面积为 8 439 万亩，仍需扩大面积 1 640 万亩左右。这是宏观目标，各地需根据实际情况，确定当地的发展目标。由于马铃薯主粮化强调“推进过程中不与三大主粮抢水争地”原则，即首先要保证“保口粮和保谷物”，才能循序渐进地扩大马铃薯的种植面积（庞昭进等，2015）。因此，要更多的利用种植结构调整和土地整治来实现马铃薯种植面积的扩大，在保证我国粮食安全的情况下，根据实际情况，扩大马铃薯种植面积。

2. 提高单产

目前，我国马铃薯单产水平维持在 1 100 千克/亩左右，2016 年，单产为 1 154.03 千克/亩，农业农村部提出 2020 年马铃薯平均亩产达到 1 300 千克。为此，要改善粗放的栽培技术，科学规划，以实现适时种植、精细整地、合理密植；扩大机械化生产，提高生产效率。同时，要提高有效灌溉面积，合理利用化肥，并根据本地实际情况，有效防治病虫害。

3. 增加总产

目前，我国马铃薯鲜薯总产量稳定在 9 500 万吨左右，2016 年，总产为 9 738.5 万吨，农业农村部提出 2020 年马铃薯总产达到 1.3 亿吨左右，与目前我国马铃薯总产量相比，仍要增加产量 3 261.5 万吨。为此，要加快品种的选育和引进，培育适应当地种植环境、市场需求的高产品种，培育满足不同产业需要的专用品种，同时，确保高品质脱毒种薯的供应，保证马铃薯生产的稳产高产。

4. 提高主食消费占比

目前，我国马铃薯消费中，有 60%~70%用于食用，其中，主食消费占 20%左右，总体消费大部分是菜用消费，少数南方地区将其作为主食食用，但主要是直接食用，并未加工成主食产品。为此，要继续培育主粮加工专用型品种，进一步引导消费者转变消费思维，加大马铃薯主粮化产品推广，增加马铃薯主粮化产品销售范围与渠道，从而提高我国马铃薯消费结构中主食消费占比。

第四章　中国马铃薯产业的现状及种植面临的主要问题

一、中国马铃薯产业现状及种植面临的主要问题

（一）中国马铃薯产业发展现状

1. 生产现状

（1）总种植面积和总产量稳中有升，单产水平仍有提升潜力。马铃薯起源于南美洲，传入中国已有400多年，目前在全国20多个省（自治区、直辖市）都有种植（韩黎明等，2016）。自1995年以来，我国马铃薯种植面积和总产量均位于世界前列，同时，马铃薯在我国粮食体系中也一直占据着重要位置。从1982年（此前没有单独马铃薯的统计数据）到2008年，我国马铃薯播种面积、总产量、单产分别增加了1.9倍、3.0倍和1.6倍。近年来，我国马铃薯播种面积、产量都较为稳定，2009年以来，我国马铃薯播种面积稳定在7 500万亩以上的较高水平，并且处于平稳上升阶段；2016年播种面积达8 439万亩，总产量9 738.5万吨（表4-1）。我国马铃薯单产自2009年起进入平稳上升阶段，2016年单产达到1 154.03千克/亩，相较于10年前增长了18.37%，但距离国际平均单产水平1 340千克/亩

仍有一定距离，并且远低于美国、荷兰等马铃薯产业发达国家 3 040 千克/亩以上的单产水平。可见，我国马铃薯生产仍然有较大的提升潜力。

表 4-1　我国马铃薯种植情况

Tab. 4-1　Potato Planting in China

年份	种植面积（万亩）	总产量（万吨）	单产（千克/亩）
1982	3 681. 60	2 382. 50	647. 14
2007	6 645. 51	6 479. 05	974. 95
2008	6 995. 10	7 077. 90	1 011. 84
2009	7 621. 22	7 323. 00	960. 88
2010	7 807. 59	8 153. 35	1 044. 28
2011	8 136. 02	8 829. 05	1 158. 49
2012	8 297. 93	9 276. 25	1 117. 90
2013	8 421. 90	9 594. 00	1 139. 20
2014	8 359. 95	9 551. 50	1 142. 53
2015	8 277. 30	9 486. 00	1 146. 00
2016	8 439. 00	9 738. 50	1 154. 03

资料来源：国家统计局

（2）区域布局已经形成。除北京、上海、江苏、河南和海南等省（直辖市），马铃薯在我国各省均有大面积种植。近年来，我国马铃薯主产区马铃薯产业发展迅速，一是由于马铃薯市场需求在不断增加；二是马铃薯主粮化战略提出以来，国家对马铃薯产业大力支持。2016 年，我国生产规模位于前五位的四川、贵州、甘肃、云南、内蒙古 5 个省份（自治区）均位于西部地区（表 4-2），且该 5 省（自治区）种植面积占到全国 50%以上。

表 4-2　2016 年我国马铃薯主要生产省份

Tab. 4-2　Main Provinces of Potato Producting in China

地区	种植面积（万亩）	总产量（万吨）	单产（千克/亩）
全国	8 439.00	9 738.50	1 154.03
四川	1 210.50	1 611.50	1 331.27
贵州	1 097.55	1 167.00	1 063.03
甘肃	1 010.85	1 130.50	1 118.20
云南	836.70	862.00	1 030.47
内蒙古	818.55	835.00	1 019.90
重庆	557.70	646.50	1 159.43
陕西	443.85	373.50	841.97
湖北	377.25	379.50	1 006.37
黑龙江	323.70	502.00	1 550.43
山西	274.20	208.50	760.00
河北	271.95	297.50	1 093.83
宁夏	253.35	177.00	698.83
青海	139.65	181.50	1 300.97
福建	126.30	171.50	1 356.80
湖南	122.40	171.50	1 401.97
辽宁	112.20	214.00	1 904.50
吉林	110.70	250.00	2 257.47
浙江	106.35	182.50	1 716.50

资料来源：国家统计局

目前，我国马铃薯区域化格局已经形成，根据气候、土壤类型等不同自然条件，具体划分为北方一作区、中原二作区、西南一二季混作区和南方冬作区四大区域。

北方一作区主要包括东北地区除辽东半岛以外的大部分地区、华北地区的河北和山西北部、内蒙古自治区（以下简称内蒙古）以及西北地区的陕西北部、宁夏回族自治区（以下简称宁夏）、甘肃、青海和新疆维吾尔自治区（以下简称新疆）天山以北地区。2010—2014 年马铃薯平均种植面积 1 414.7 万亩，平均总产量 3 425.2 万吨，平均单产 1 111.3 千克/亩。该主产区地域广阔，气候多样，降水量差距较大，生产的马铃薯主要用于加工和菜用，少数出口（高广金等，2016）。

中原二季作区主要包括辽宁、河北、陕西3省的南部，河南、山东、江苏、浙江、安徽和江西等省。2010—2014年马铃薯平均种植面积81万亩，平均总产量92.6万吨，平均单产1 143千克/亩。该区马铃薯种植技术较为发达，通过多层农膜覆盖栽培、推广马铃薯与玉米、蔬菜等相关配套技术，获取高效益，经济利用土地，提高复种指数。生产的马铃薯除作为当地菜用外，多数用于出口（高广金等，2016）。

西南一二季混作区主要包括云南、贵州、四川、重庆、西藏自治区（以下简称西藏）等省（自治区、直辖市）。2010—2014年马铃薯平均种植面积3 925万亩，平均总产量4 325.8万吨，平均单产1 102千克/亩。该区地形地势复杂，马铃薯种植依地势垂直分布，雨量多，可周年生产。生产的马铃薯大部分作为粮食、蔬菜消费和淀粉加工，生产的种薯多供应当地，少量出口（高广金等，2016）。

南方冬作区主要包括江西南部、湖南和湖北东部、广西壮族自治区（以下简称广西）、广东、福建、海南和台湾等省（自治区）。2010—2014年马铃薯平均种植面积286万亩，平均总产量395.8万吨，平均单产1 384千克/亩。该区利用水稻冬闲田和旱地种植马铃薯，发展多熟耕作制，提高耕地复种指数和利用效率。生产马铃薯主要满足当地菜用，少部分出口（高广金等，2016）。

（3）脱毒种薯进一步推广应用。近年来，我国出台了一系列鼓励马铃薯脱毒种薯推广应用的政策措施，如中央财政对马铃薯实施脱毒种薯扩繁和大田种植补贴，补贴方法为每亩100元。一些省（市）还专门配套或整合马铃薯良种补贴资金，以扶持推广马铃薯脱毒种薯。国家还陆续投资建设了一批脱毒种薯中心和良种扩繁基地，投资引进了一批高新科技设备和检验设施，并进行推广应用宣传，许多省（自治区、直辖市）也陆续出台了配套的政策支持，使得我国马铃薯脱毒技术已经在马铃薯的种植过程中得到了一定的应用，并带动了整个脱毒种薯产业的快速发展。与此同时，国家也积极促进脱毒技术的研发，以实现在不降低脱毒种薯品质的情况下减少成本。

2. 加工现状

近几年来，我国马铃薯加工业发展较为迅速，工业加工消费呈上升趋势。目前我国马铃薯的加工产品主要包括马铃薯淀粉、全粉(包括熟粉和生粉)、薯片、冷冻薯条等主食原料或半成品，目前的生产量分别为：50 万吨、15 万吨、30 万吨和 17 万吨。随着马铃薯主粮化战略的推进，马铃薯主食产品开发积极进行，这就促进了马铃薯的需求，有利于马铃薯种植农户增加收入以及优化马铃薯消费结构。

同时，我国马铃薯加工业也面临一系列问题，例如，我国马铃薯的加工比例距离世界马铃薯产业发达国家还有很大差距；加工产品多为粗加工产品，附加值较低；加工企业层次良莠不齐，加工产品品质差距较大。

3. 消费现状

（1）马铃薯消费总量呈上升趋势。虽然从马铃薯的消费总量来看，我国是世界上最大的马铃薯消费国，然而，我国马铃薯人均消费量仍处于较低水平，2014 年人均消费量为 41.2 千克，说明我国马铃薯消费市场潜力巨大。

自 20 世纪 90 年代以来，我国马铃薯消费量总体呈现上升趋势。虽然，在 2006 年由于全球禽流感疫情的影响，麦当劳和肯德基的经营受到很大影响（体现在薯条消费），使得我国马铃薯消费总量跌至近 10 年最低点，但从 2007 年开始，我国马铃薯消费总量得到恢复，并迅速增加，到2014年已增至9 590万吨（图4-1）。

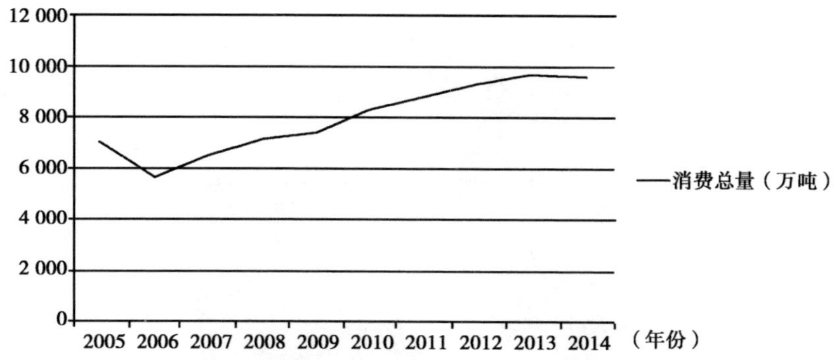

图4-1　2005—2014年我国马铃薯消费总量

Fig. 4-1　Potato Consumption in China in 2005—2014

资料来源：FAO数据库

由此可见，我国马铃薯生产还具有巨大潜力，马铃薯主食产品的推广，也将带动新一轮马铃薯消费的增长。

（2）我国马铃薯消费以食用为主，重视马铃薯主食消费。将我国马铃薯消费分为食用、饲用、种用、加工、耗损和其他用途六项内容，我国2013年马铃薯消费结构，如图4-2所示。到2014年，我国马铃薯消费中，鲜食菜用占59%，主食消费占20%。

长期以来，我国马铃薯消费以食用为主，自2013年国家马铃薯主粮化战略提出以来，国家一直在推进马铃薯主食产业化，在我国大部分地区马铃薯都是作为菜用，只有少数南方、西北地区将其作为主食，并且是不进行加工直接食用的。

4. 贸易现状

我国的马铃薯进出口量绝对量比较少，出口为增长趋势，进口为减少趋势。2011年，中国的马铃薯出口量为38.235万吨（图4-3），这比2002年的13.05万吨增长了2.9倍，特别是2005年开始出口量明显上升，近5年的进口量明显减少，可以视为净出口。

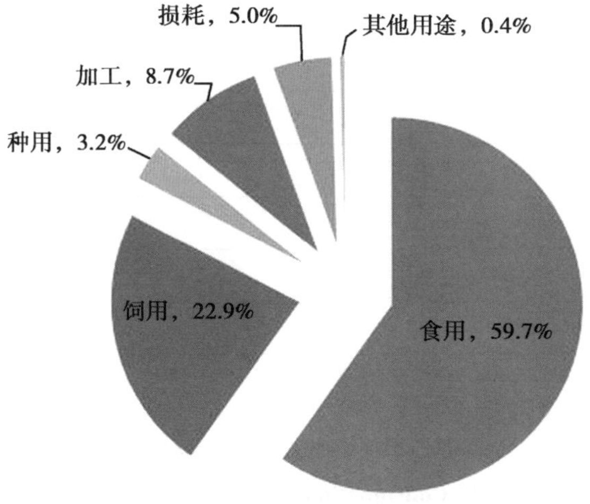

图 4-2　2013 年我国马铃薯消费结构

Fig. 4-2　Potato Consumption Structure in China in 2013

资料来源：FAO 数据库

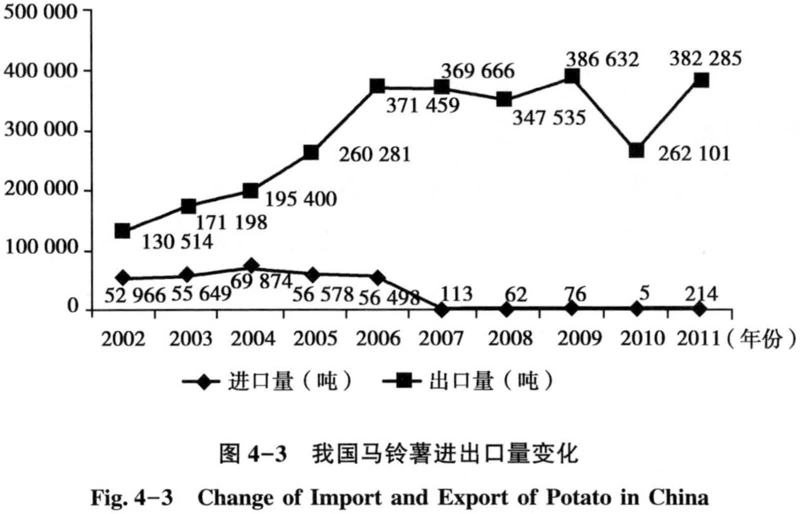

图 4-3　我国马铃薯进出口量变化

Fig. 4-3　Change of Import and Export of Potato in China

资料来源：各年度中国农业年鉴

（二）中国马铃薯种植面临的主要问题

1. 优质种薯供应不足，脱毒技术应用范围小

目前，脱毒技术在我国推广范围比较广泛，但是真正得到规模使用的地区非常少，特别是优质种薯的实际应用仅占全部产地的四分之一，很难满足马铃薯生产的实际需求。同时，由于过度重视产量，而忽视了其他相关环节的把控，这造成了种薯市场制度混乱、监管不足，种薯的品质无法得到保障，农户由于难以判断种薯的品质而造成了资金和产量上的损失（杜文忠，2010）。同时，由于脱毒种薯生产成本较高，优质种薯市场价格较高，大部分农户无法完全承担而选用自留种的情况也影响了种薯行业的发展。

2. 单产水平低，优质品种资源缺乏

我国是马铃薯生产大国，多年来种植面积和总产量均居于世界第一位，但是单产水平却始终与世界马铃薯产业发达国家有着很大的差距，这是因为我国马铃薯优质品种比较少，部分地区没有适合当地实际情况的高产品种，并且随着马铃薯加工业的发展，马铃薯加工专用型品种也十分缺乏。

3. 种植水平落后，机械化程度低

我国目前较多地区仍采用传统的种植模式，高科技运用较少，这严重制约了我国马铃薯种植水平。我国各马铃薯主产区气候、地形、耕作模式都有很大差别，现有的机械设备不能大规模的应用，导致我国马铃薯机械化程度较低，这很大程度上制约了我国马铃薯产量的提高和农户的增收（闭祖金等，2015）。我国马铃薯种植机械化水平远低于水稻、小麦和玉米，同时，与世界马铃薯产业发达国家相比，也远远落后。截至 2011 年，我国马铃薯生产方面，耕整地、播种和收获的机械化水平分别为 48%、16.9% 和 17.7%。近年来，

我国农村用工价格持续增加，人工成本已成为马铃薯生产过程中投入最大的成本要素，因此，用机械代替人工就显得十分迫切。并且，由于地形、气候等特征，南北在机械化发展水平和发展方向上都有着很大差异，总体来看北方比南方机械化水平要高（陈冠礼，2012）。我国一直致力于马铃薯生产机械的研制，但是发展较为缓慢，重大突破较少。

4. 生产成本不断上升

近年来，随着大量农村居民外出打工，导致农村生产劳动力减少，进而造成农业生产人工成本增加，同时，随着多种服务的产生，农户需要负担的服务费用也大幅增加，城镇化造成的耕地减少也使得土地价格上涨。据全国农产品成本收益调查，2013 年全国马铃薯平均生产成本已达 21 600 元/公顷，较 2004 年增长了 141%。

5. 市场需求大，加工业发展滞后

马铃薯不仅在食品加工行业有重要作用，在工业等其他领域也有一席之地，因此，其市场需求量非常大。21 世纪以来的近 10 年内，世界马铃薯的贸易额飞速增长，需求量巨大，其中，马铃薯加工产品所占份额最大。就马铃薯消费方面来说，我国人均消费量水平仍然比较低，而且能够进行深加工的马铃薯品种较少（高剑华等，2017）。同时，我国马铃薯加工主要以淀粉为主，附加值较低，产业链短。目前，我国马铃薯加工转化率不到 10%，仍处于初级阶段（高明杰等，2013）。

6. 气候变化对马铃薯生产和市场的影响逐渐凸显

近年来，全球气候变化复杂，极端气候发生频率增加，对我国马铃薯生产造成了较大的影响，例如，2013 年黑龙江和吉林 2 省受春秋两涝影响，马铃薯减产 20% 以上。此类的影响，导致我国马铃薯市场价格发生较大变化，直接影响到马铃薯种植农户的收入，对马铃薯产业冲击比较大。

二、调研地区马铃薯产业现状及种植面临的主要问题

（一）调研地区马铃薯产业发展现状

甘肃省位于我国西北地区，属于内陆，地形较为复杂，气候差异性大，生态类型多样，并且马铃薯主产区土层深厚而疏松，营养丰富，特殊的生长环境造就了甘肃马铃薯与众不同的品质优势。2015 年甘肃省马铃薯种植面积达到 71.6 万公顷，鲜薯总产折合主粮约 280 万吨，种植面积和总产量分别占全省粮食作物的 25%和 23%，且均居全国第二位，是甘肃省的第三大粮食作物（王宏康，2017）。

1. 马铃薯区域布局不断优化

近年来，甘肃省已经形成了中部半干旱区、河西绿洲灌区、高寒阴湿区以及陇东半干旱区 4 个典型生态区。甘肃省 70%以上的种植面积为优势产区，其中，种植面积最大的是定西市，种植面积和产量占全省的 1/3 左右，天水、陇南、平凉、庆阳等地种植面积也都超过了 3.3 万公顷。各优势产区生产不同的优质产品，这是由当地特殊的气候条件和环境决定的。

2. 脱毒种薯扩繁体系更加健全，推广水平提高

随着甘肃省马铃薯脱毒种薯全覆盖工程项目的推进，全省已建成脱毒苗—原原种—原种—生产用种薯的四级种薯扩繁体系。种薯繁育基地布局的科学规范化，使得脱毒种薯品质逐步提高。全省每年能生产 9 亿多粒原原种，原种及一级、二级种薯种植面积达 8 万公顷，年生产种薯 200 万吨，每年销售到外省的原原种超过 4 亿粒、原

种超过2万吨。2010—2015年的6年间甘肃省累计推广马铃薯脱毒种薯337.6万公顷，脱毒种薯促进了马铃薯产量的增加，从而进一步促进农户增收。

3. 良种选育和科研发展齐头并进

近年来，甘肃省引进多个马铃薯新品种，建立马铃薯选育科研基地，推广了大西洋、青薯9号、陇薯3号、庄薯3号、陇薯9号、陇薯10号等几十个国内外优良品种，无论是在抗病性还是加工特性上，这些优良品种都有较大优势。全省大力推广马铃薯主食产品专用型品种及配套种植技术。同时，为提高甘肃省马铃薯种植机械化，加大科研力度研发适合甘肃省地形的马铃薯种植农机。

4. 马铃薯市场体系逐步完善

甘肃省作为马铃薯主产区，共有10多个马铃薯批发市场，2 100多个马铃薯购销网点，且销售渠道多种多样，马铃薯市场体系不断完善，市场管理也趋于正规。全省共注册了40多个马铃薯品牌商标，其中，获国家原产地地理标记证书的有5个，获国家A级绿色食品证书的有5个，获国家有机食品认证有1个，且在2012年，“定西马铃薯”被国家工商总局认定为“中国驰名商标”。

5. 马铃薯加工业发展迅速

近年来，甘肃省马铃薯产业从生产普通淀粉逐步发展到生产变性淀粉、全粉、薯条、膨化食品、主食产品等10多个品种系列，并建成了各类马铃薯加工企业100多家。甘肃省积极响应国家马铃薯主粮化战略，选育马铃薯加工专用新品种，研发新型马铃薯加工技术，提高马铃薯加工产品的品质。

（二）调研地区马铃薯种植面临的主要问题

1. 品种多样性不足

因甘肃省省内地形、气候的各自特点和不同，需要能够适应当地的实际环境的马铃薯品种，但在实际生产中，大多数地区还是以晚熟菜用型品种为主，当前马铃薯产业发展迅速，已有品种不能满足各地不同的需求，还可能因为品种问题造成减产。同时，缺乏马铃薯加工专用型品种，这对马铃薯加工业的发展也是一个制约因素。

2. 种薯成本过高且品质良莠不齐

种薯生产所需达到的各项要求都比较严格，因此，种薯的生产成本也随之增高，种薯的市场价格超过了许多种植农户的购买能力（李沛文等，2013）。同时，由于部分种薯生产企业、个人过多关注数量而忽视了质量，导致不合格种薯在市场上流通，这对于优质种薯的推广和马铃薯产业的发展造成了一定的影响。

3. 马铃薯生产机械化程度仍然较低

甘肃省大部分地区人少地多，需要运用机械来提高生产效率，但是，甘肃省地形多为山区、丘陵，很难进行大规模的大型机械操作，从而导致了生产效率低下、人工成本较高。

4. 马铃薯贮藏能力低

甘肃省是我国马铃薯种植大省，但目前马铃薯贮藏能力无法满足农户需求，且马铃薯贮藏设施还比较简陋，导致部分马铃薯低价出售或者搁置，严重影响种植农户的增收。

5. 补贴政策不够完善

甘肃作为我国马铃薯生产大省，在马铃薯主粮化战略的进程中，应该大力扶持农户生产种植，但在马铃薯种植补贴、马铃薯脱毒种薯补贴方面仍有所欠缺，导致种植农户无法承担马铃薯生产种植的高成本，这将会制约甘肃省马铃薯产业的发展以及马铃薯主粮化战略的实施。

第五章　数据来源及样本分析

为了进一步深入了解和分析农户种植层面的意愿及影响因素，本书选取西北干旱半干旱区甘肃省为实证研究对象，开展实地调研和问卷调查。此次调研共涉及甘肃省 3 个区（县），12 个乡（镇），24 个村，有效问卷 362 份，为分析西北地区农户种植意愿及影响因素，提供了重要的数据支撑。

一、数据来源

（一）问卷设计

在参阅大量关于农户种植意愿等方面相关文献的基础上，本次调查问卷的设计结合了甘肃省马铃薯种植农户的实际情况，随后在专家的帮助以及与其他调研人员的探讨下，进一步的改善，最终形成了正式的调查问卷。问卷的问题包含以下 10 个部分。

（1）马铃薯种植情况。包括农户马铃薯种植年限、享受何种补贴、得到何种服务、采用何种技术、最高亩产等。

（2）农业保险。包括对农业保险的了解程度、信任程度、满意程度、选择取向等。

（3）马铃薯的储藏销售。包括农户如何储藏马铃薯、产后用途、产后销路等。

（4）社会关系。即农户的社会关系，包括马铃薯种植期间亲戚、邻居间的交流等。

（5）马铃薯主粮化的认知情况。包括对马铃薯是我国第四大主粮的了解程度、对马铃薯主粮化战略的了解程度、马铃薯的吃法等。

（6）气候变化认知。即当地近20年间的气候变化、农户自身感到气候变化对马铃薯种植的影响等。

（7）种植户主的基本信息。即调研对象的性别、年龄、政治面貌、家庭状况、家庭收入等。

（8）2015—2017年农户种植商品薯的成本收益。包括农户拥有的马铃薯种植面积、种植品种、亩均成本、销售情况等。

（9）2015—2017年农户种植商品薯的风险管理。包括农户此年间种植马铃薯遭受的病害、虫害以及对病虫害的了解情况等。

（10）2016年农户同时种植其他作物投入的成本和收益。

（二）数据收集

1. 调研地点

甘肃省是中国马铃薯四大主产区之一，其马铃薯种植历史悠久，马铃薯产业发展迅速，本书选取此地作为调研地点，具有一定代表性。采用随机抽样和分层抽样相结合的方法，第一步，从定西市7个区（县）抽取3个：安定区、渭源县、临洮县，这3个区（县）分别是我国薯都、我国种薯之都、甘肃第三大产薯大县；第二步，在这3个区（县）中，分别随机抽取4个乡（镇），共12个：五竹镇、会川镇、团结镇、宁远镇、峡口镇、李家堡、漫洼镇、祁家庙镇、站滩镇、路园镇、连儿湾镇、香泉镇；第三步，在这12个镇中，从每个镇随机选择2个村，共24个村：上集村、凡家岭村、双轮磨村、唐家堡村、官路村、小园子村、庙背村、张湾村、杨庄村、潘家岔村、瓦楼村、站滩村、羊嘶川村、羊营村、老地沟村、花川村、薛川村、金华村、陈家屲村、马家岔村、马莲村、鹿鸣村、黑鹰沟村、龙金村；第四步，每个村随机选择 15 个种植户，在村委会集中填写问卷，地点分布如图 5-1 所示（三角标处）。

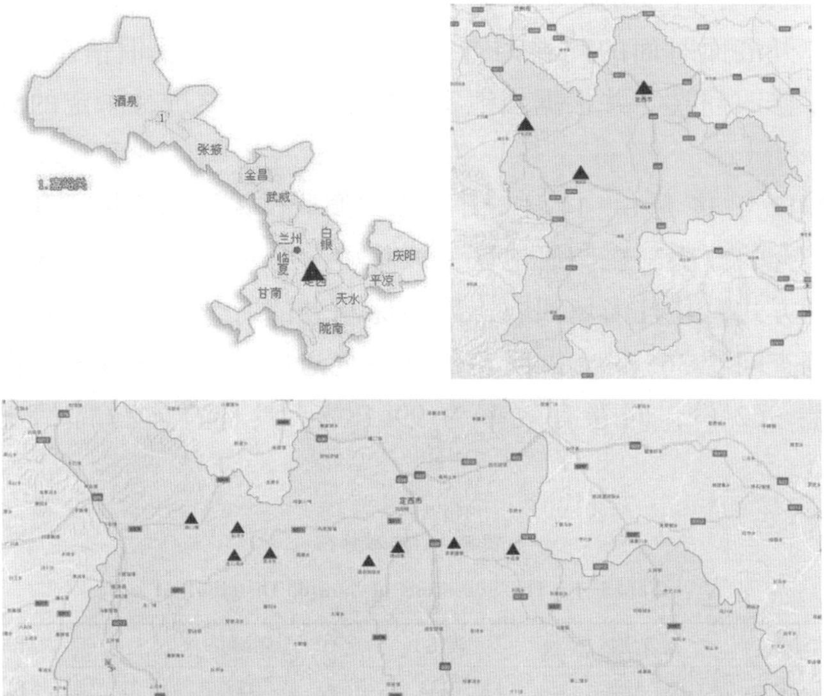

图 5-1　调研地点分布

Fig. 5-1　The Situations of Research Site

资料来源：根据问卷调查整理

2. 调研方案

本次实地调研分为预调研和正式调研。在开展调研之前，通过文献查阅和专家评阅，对调查问卷进行反复修改。

2017 年 8 月 19—20 日，开展预调研，采用随机抽样的方法，在渭源县的会川镇本庙村和五竹镇五竹村，分别随机选取 3 个农户和 4 个农户，在安定区巉口镇石家岔村随机选取 3 个农户，共计 10 个农户开展面对面的问卷调查。根据样本农户的反馈信息和建议，进一步修改问卷，并根据当地实际情况，对问卷进行一定的删减和补充。

2017 年 11 月 6—14 日，开展正式调研。采用随机抽样和分层抽样相结合的方法，在调研地区采取集中自行填写、辅以指导和问卷检查的方式，并且当场回收，以确保问卷的有效性。本次调研累计发放调查问卷 365 份，以问卷信息齐全与质量为筛选标准，得到有效问卷 362 份，问卷有效率为 99. 18%，具体样本分部情况，如表 5-1。

表 5-1　样本分布

Tab. 5-1　The Situations of Sample Distribution

调研地点	安定区	临洮县	渭源县	总计
样本（个）	122	122	118	362
比例（%）	33. 70	33. 70	32. 60	100

资料来源：根据问卷调查整理

二、样本分析

样本农户的基本情况主要包括农户个人及家庭特征、种植马铃薯情况、马铃薯收货后销售情况、对马铃薯主粮化认知程度、种植过程中的其他情况。下面将对样本数据进行描述性统计分析。

（一）农户个人和家庭特征分析

被调查的农户共有 362 户，就 2017 年的情况来看，362 户农户共有家庭常住人口 1 520 人，家庭人口平均数为 4. 20 人。拥有耕地面积总共 7 304. 73 亩，平均每户农作物生产面积为 20. 18 亩。基本特征指标详情如下。

1. 农户个人特征

从样本数据来看，参与马铃薯种植的农户男性居多，占总数的 82. 60%，女性只有 17. 40%。这个结果尽管与目前已有研究结论即“农村青壮年大多外出务工，农村劳动力主要以妇女、老人为主”有些出入，但某种程度上则说明，在甘肃地区，马铃薯种植需要一定的技术和体力，依然以男性劳动者为主，具体结果，如表 5-2。

表 5-2　样本农户性别分布

Tab. 5-2　Sample Peasant Households' Gender Characteristics Distribution

性别	人数	所占百分比（%）	累计百分比（%）	均值	标准差
女	63	17. 40	17. 40	0. 83	0. 380
男	299	82. 60	100		

注：性别分类 女=0，男=1

资料来源：根据问卷调查整理

从年龄结构和分布来看，参加调研的农户多集中于 40～50 岁，所占比例为 41. 99%，其次是 51～60 岁的农户，40 岁以下和 61 岁以上的农户较少，分别占总数的 19. 89%和 10. 22%。这个结论与目前大多数认为的中国农村主要由妇女、儿童、老人组成有些不符，本书对此给出的解释是 11 月是甘肃地区马铃薯收获季节的收尾阶段，并且是燕麦的播种季节以及当归的收获季节，处于当地农忙时期，很多在外打工的青壮年此段时间以在家做农活为主，具体结果，如表 5-3。

表 5-3　样本农户年龄分布

Tab. 5-3　Sample Peasant Households'Age Characteristics Distribution

年龄	人数	所占百分比（%）	累计百分比（%）	均值	标准差
40 岁以下	72	19.89	19.89		
40~50 岁	152	41.99	61.88	2.28	0.899
51~60 岁	101	27.90	89.78		
61 岁以上	37	10.22	100		

注：年龄分层 40 岁以下=1，40~50 岁=2，51~60 岁=3，60 岁以上=4

资料来源：根据问卷调查整理

从被调查农户受教育程度来看，农户的文化程度多集中在初中阶段，362 个农户中有 153 个文化程度为初中，占总数的 42.27%，其次是小学水平。大专以上的农户所占比例最少，仅为 3.31%，这与农村居民受教育情况相吻合。另外，即使有大专以上较高学历的农民，也主要以外出务工为主，很少会在农村务农。该结论基本符合农业从事人员的基本现状，具体结果，见表 5-4。

表 5-4　样本农户受教育程度分布

Tab. 5-4　Sample Peasant Households' Level of Education Characteristics Distribution

文化程度	人数	所占百分比（%）	累计百分比（%）	均值	标准差
小学以下	62	17.13	17.13		
小学	86	23.76	40.89		
初中	153	42.27	83.16	2.62	1.025
高中专	49	13.53	96.69		
大专及以上	12	3.31	100		

注：受教育程度分层 小学以下=1，小学=2，初中=3，高中专=4，大专及以上=5

资料来源：根据问卷调查整理

此外，一般来看，党员的综合素质要高于普通群众。从所调研样本结果来看，党员所占比例达到28.18%，近1/3，这为甘肃定西地区马铃薯产业发展提供了有力的人力支撑（表5-5）。

表5-5　样本农户政治面貌分布

Tab. 5-5　Sample Peasant Households' Political Orientation Characteristics Distribution

政治面貌	人数	所占百分比（%）	累计百分比（%）	均值	标准差
共产党员	102	28.18	28.18	0.28	0.450
群众	260	71.82	100		

注：政治面貌分类 群众=0，共产党员=1

资料来源：根据问卷调查整理

2. 农户家庭特征

从家庭人口结构来看，在所有调研对象中，家庭常住人口数主要为4人和5人，分别占总数的24.86%、20.44%，其次是2人及以下、3人和6人，分别占16.59%、15.47%、18.23%，7人及以上的家庭较少，这与中国农村家庭现状基本相符，具体结果，如表5-6。

表5-6　样本农户家庭人口分布

Tab. 5-6　Sample Peasant Households' Population of Family Characteristics Distribution

家庭人口数	户数	所占百分比（%）	累计百分比（%）	均值	标准差
2人及以下	60	16.58	16.58	3.22	1.452
3人	56	15.47	32.05		
4人	90	24.86	56.91		
5人	74	20.44	77.35		
6人	66	18.23	95.59		
7人及以上	16	4.42	100		

注：家庭人口数分层2人及以下=1，3人=2，4人=3，5人=4，6人=5，7人及以上=6

资料来源：根据问卷调查整理

从外出务工统计结果来看来看，总样本量中，有64.09%的农户家庭没有外出务工的人口，大概1/3的农户家庭有1~2人外出务工的情况，且以1人外出务工为主，具体结果，如表5-7。

表5-7　样本农户家庭在城市务工人数分布

Tab. 5-7　Sample Peasant Households' Population of Work in City Characteristics Distribution

家庭人口数	户数	所占百分比（%）	累计百分比（%）	均值	标准差
没有	232	64.09	64.09		
1人	90	24.86	88.95	0.48	0.711
2人	37	10.22	99.17		
2人以上	3	0.83	100		

注：家庭人口数分层 没有=0，1人=1，2人=2，2人以上=3

资料来源：根据问卷调查整理

（二）农户种植行为分析

1. 农户种植马铃薯规模情况

本次所调研农户中，2017年马铃薯种植面积最大的为60亩，其中，种植面积达到40亩以上的仅有3户，占所有样本的0.83%，31~40亩的有4户，占样本总数的1.10%，21~30亩的有27户，占样本总数的7.46%，11~20亩的有84户，占样本总数的23.20%，绝大部分都是种植10亩以下小农户，有238户，占样本总数的65.75%，剩下的未进行马铃薯种植。可以看出，甘肃地区马铃薯种植主要以小规模种植为主，30亩以上的种植户不是主体，这也与西北地区目前农户种植马铃薯的现状较相符，具体结果，如表5-8。

表 5-8　样本农户农作物种植面积

Tab. 5-8　Sample Peasant Households' Crops Areas

种植面积	户数	所占百分比（%）	累计百分比（%）	均值	标准差
未种植	6	1.66	1.66	2.43	0.771
10 亩及以下	238	65.75	67.41		
11～20 亩	84	23.20	90.61		
21～30 亩	27	7.46	98.07		
31～40 亩	4	1.10	99.17		
40 亩以上	3	0.83	100		

注：种植面积分层 未种植=1，10 亩及以下=2，11～20 亩=3，21～30 亩=4，31～40 亩=5，40 亩以上=6

资料来源：根据问卷调查整理

2. 农户马铃薯种植习惯分析

此次调研的 362 户农户中，种植年数在 5 年以下的仅有 1 户，绝大多数农户都是种植了 15 年以上的资深种植者，种植 15 年以上的农户占总数的 57.18%，已经超过调研农户的半数。该统计数据较好地说明了西北地区是中国传统的、重要的马铃薯主产区之一，具体结果，如表 5-9。

表 5-9　样本种植户马铃薯种植年数

Tab. 5-9　Sample Peasant Households' Potato Planting Career

种植年数	户数	所占百分比（%）	累计百分比（%）	均值	标准差
5 年以下	1	0.28	0.28	3.59	1.126
5～10 年	86	23.76	24.04		
11～15 年	68	18.78	42.82		
16～20 年	111	30.66	73.48		
20 年以上	96	26.52	100		

注：种植年数分层 5 年以下=1，5～10 年=2，11～15 年=3，16～20 年=4，20 年以上=5

资料来源：根据问卷调查整理

3. 农户种植马铃薯诱因分析

从所调查数据结果来看，362 个调研农户中有 270 人是主动种植马铃薯，说明在当地种植马铃薯是绝大多数农户自发选择的，其次，政府宣传也起到了很大的作用，具体结果，如图 5-2 所示。

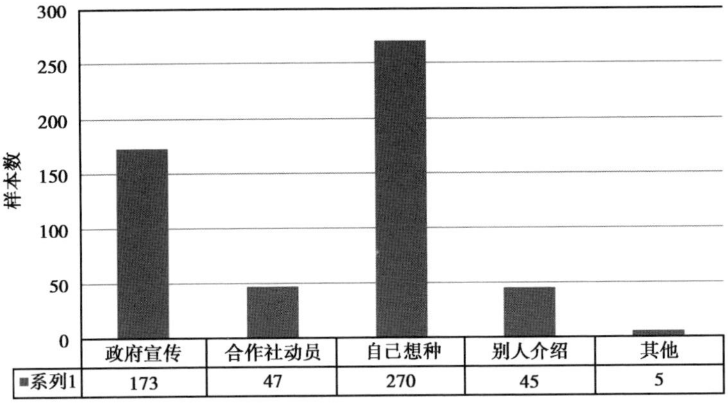

图 5-2 样本农户通过何种途径选择种植马铃薯

Fig. 5-2 Sample Peasant Households' Reason of Planting Potato

资料来源：根据问卷调查整理

4. 种植农户参加合作社及技术培训分析

农村合作社对于农户进行作物种植、产品销售都有较好的帮助作用，参加合作社类的组织，有助于农户增产增收，在调查的样本中，参加了农村合作社或此类组织的有 68 户，没有参加的有 294 户。

同样，对于马铃薯种植过程中遇到的各种问题，若参加过马铃薯种植的相关技术指导或者培训，将会使农户对于马铃薯的种植更有信心，在调查的样本中，参加过相关指导培训的有 219 户，没有参加过的有 143 户，具体结果，如图 5-3 所示。

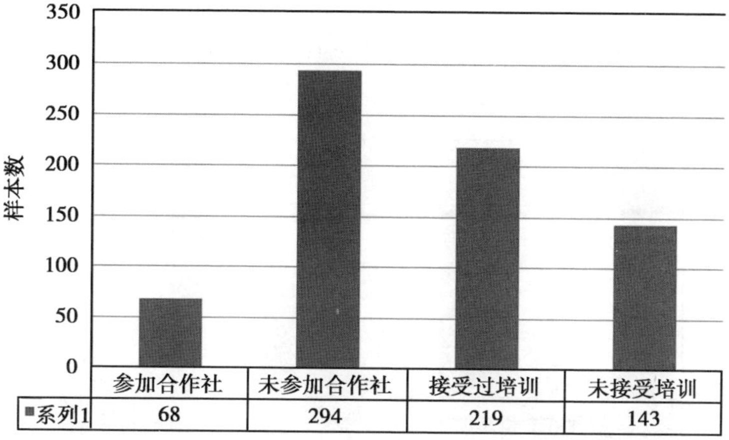

图 5-3　样本农户参加合作社和参加培训情况

Fig. 5-3　Sample Peasant Households' Participation in Cooperatives and Rraining

资料来源：根据问卷调查整理

5. 农户马铃薯种植过程中面临的主要困难

从农户种植马铃薯的自身角度来看，他们在种植马铃薯中会遇到各类困难，这些困难或多或少影响到农户在下一年是否继续增加种植马铃薯。其中，认为“马铃薯价格太低”是最大困难的有 107 人，认为“资金短缺”是最大困难的有 88 人，认为“劳动力成本高”是最大困难的有 59 人，其他人则认为还有别的困难，具体结果，如图 5-4 所示。

除了以上农户面临的各种困难，马铃薯种植过程中还可能会感染很多病毒，将会对马铃薯的产量造成很大的不利影响。就目前来说，马铃薯的脱毒技术已经成为提高马铃薯产量的最好方法之一。因此，在马铃薯种植过程，脱毒种薯起到了非常重要的作用。在本次调查的样本中，绝大多数农户都是使用脱毒种薯进行种植，只有少数未使用脱毒种薯。

此外，由于甘肃省定西市属于西北干旱半干旱地区，缺水严重，

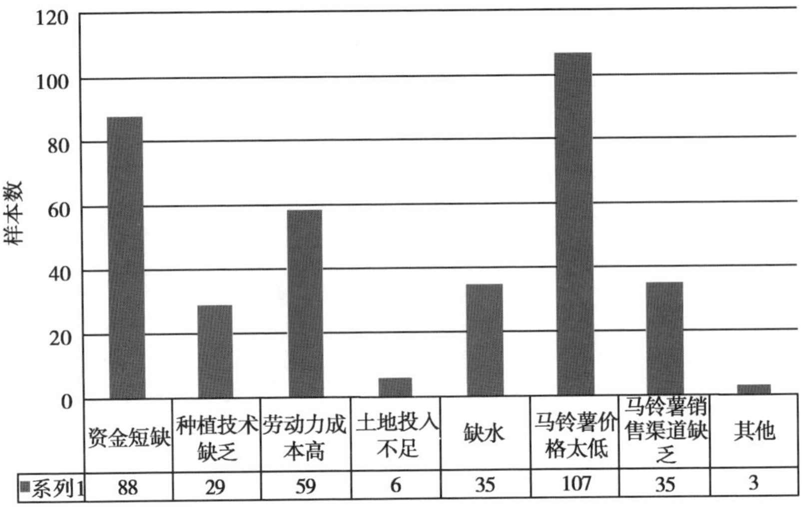

图 5-4　样本农户认为马铃薯种植中的最大困难

Fig. 5-4　Sample Peasant Households' Greatest Difficulty of Potato Planting

资料来源：根据问卷调查整理

农户是否能够通过各种方式满足马铃薯的用水需求就非常重要，在本次调查的样本中，只有 76 户可以达到种植马铃薯所需用水量，其他农户依然认为马铃薯种植过程中缺水是重要的制约因素，具体结果，如图 5-5 所示。

（三）马铃薯收获后销售情况

1. 销售渠道分析

所调查的 362 户样本中，农户销售马铃薯的渠道，主要有以下 5 种：合作社统销、企业收购、小商贩、市场自己出售和自留。绝大部分的农户选择了小商贩或者自己在市场出售，所占比例为 48.62% 和 50.55%，其他渠道较少，并且几乎所有农户都会选择自留一部分，这与当地居民日常饮食消费中，马铃薯是主要的食物来源或将

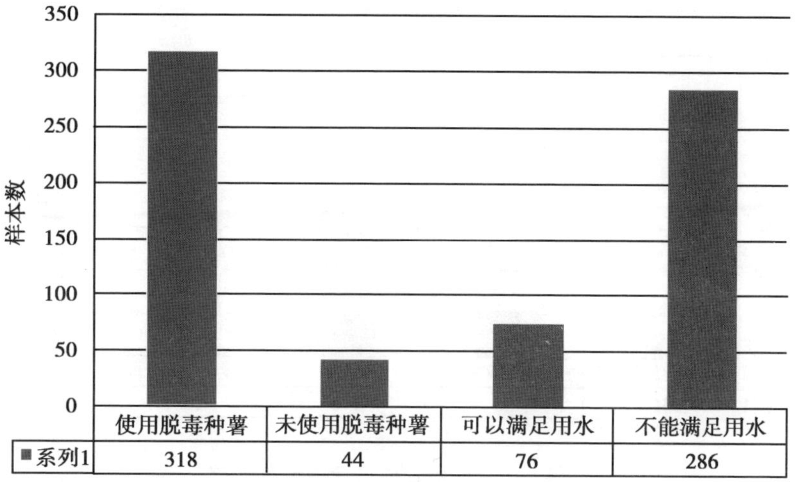

图 5-5　样本农户脱毒种薯使用情况和用水是否满足种植

Fig. 5-5　Sample Peasant Households' Use of Detoxified Seed Tubers and Water

资料来源：根据问卷调查整理

马铃薯作为主食消费，有重要关系，具体结果，如图 5-6 所示。

2. 销售方式分析

从调研数据来看，所有调研农户中，仅有 60 户与龙头企业签订了马铃薯销售订单，占总数的 17%，占比较少，其他销售方式主要是自行入市销售。分析其原因主要有两个，一是当地马铃薯生产加工销售龙头企业较少；二是以小农户生产为主，形不成规模效应，加上农户自主选择品种、技术等，生产出的产品不一定能够达到龙头企业的标准，具体结果，如图 5-7 所示。

3. 对未来销售预期判断分析

在调研的农户中，仅有 30 户对于 2017 年下半年的马铃薯销路比较看好，对未来预期比较乐观；绝大部分农户认为 2017 年下半年马铃薯的销路不如以前，对未来销售前景持悲观态度，农户对未来销售市场前景的判断将在很大程度上影响其对马铃薯生产种植的人力、

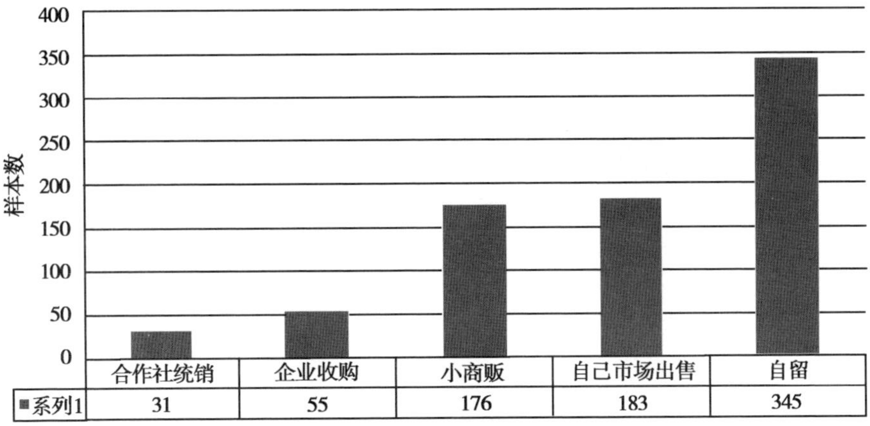

图 5-6　样本农户马铃薯销售渠道

Fig. 5-6　Sample Peasant Households' Marketing Channel of Potato

资料来源：根据问卷调查整理

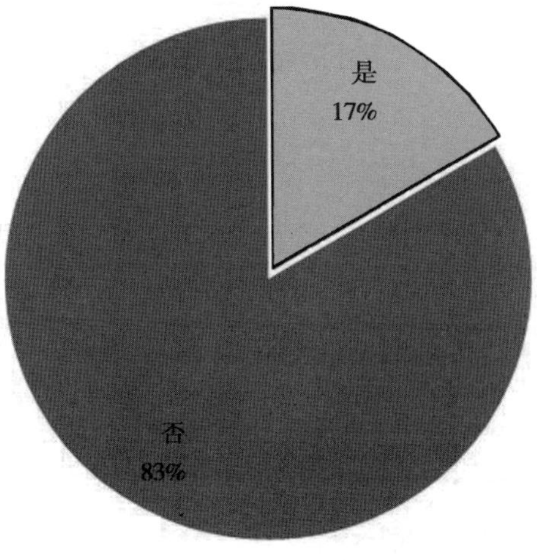

图 5-7　样本农户与龙头企业签订马铃薯销售订单情况

Fig. 5-7　Sample Peasant Households' Order of Potato

资料来源：根据问卷调查整理

资本、技术等投入，具体结果，如图 5-8 所示。

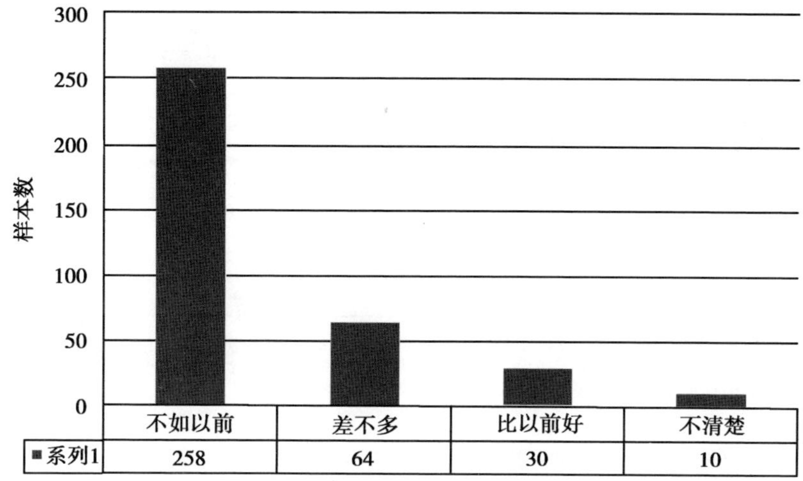

图 5-8　样本农户对今年马铃薯销路的预期

Fig. 5-8　Sample Peasant Households' Anticipation of Potato Sales

资料来源：根据调查问卷整理

（四）农户对马铃薯主粮化认知情况分析

2013 年国家提出马铃薯主粮化战略以来，很多省（市）农业农村部门都在不同程度上做了相应宣传和推广，特别是获得马铃薯主食产业加工补贴的 9 省 7 市，宣传力度相对较大，甘肃省不属于 9 省 7 市补贴范围，农户对马铃薯主粮化的认识主要从新闻、广播、手机或村干部等渠道获得。从调查结果来看，362 个农户样本中，大部分农户听说过或有一点了解，约 1/3 的农户没有听说过或不了解，这与预期情况比较相符，具体结果，如表 5-10 所示。

表 5-10 样本农户对马铃薯主粮化了解情况

Tab. 5-10 Sample Peasant Households' Understanding of Potato Staple Food Project

马铃薯主粮化	人数	百分比（%）	累计百分比（%）	均值	标准差
非常了解	18	4.97	4.97		
比较了解	97	26.80	31.77		
有一点了解	124	34.26	66.03	1.95	1.019
听说过，但不了解	95	26.24	92.27		
没听说过	28	7.73	100		

注：了解分类 非常了解=4，比较了解=3，有一点了解=2，听说过但不了解=1，没听说过=0

资料来源：根据问卷调查整理

对于马铃薯主粮化的推进，在调查样本中，绝大多数农户表示会支持，即约94%的农户持支持态度。表明马铃薯主粮化在基层农户中是深获农户支持的，具体结果，如表5-11。

表 5-11 样本农户是否支持马铃薯主食产业化推进

Tab. 5-11 Sample Peasant Households' Attitude of Industrialization of Potato Staple Food

马铃薯主食产业化	人数	百分比（%）	累计百分比（%）	均值	标准差
支持	340	93.92	93.92		
不确定	18	4.97	92.89	1.93	0.298
不支持	4	1.11	100		

注：支持分类 支持=2，不确定=1，不支持=0

资料来源：根据问卷调查整理

此外，对于是否有必要对马铃薯主粮化的相关知识进行宣传和培训，有 331 户认为有必要，21 户认为无所谓，另有 10 户认为没有必要。也说明马铃薯种植农户有获得最新国家政策和信息的意愿，具体结果，如表5-12。

表 5-12　样本农户对马铃薯主粮化相关宣传和培训的态度

Tab. 5-12　Sample Peasant Households' Propaganda and Training of Potato Staple Food

马铃薯主粮化相关宣传和培训	人数	百分比（%）	累计百分比（%）	均值	标准差
有必要	331	91.44	91.44		
无所谓	21	5.80	97.24	1.89	0.395
没有必要	10	2.76	100		

注：态度分类 有必要=2，无所谓=1，没有必要=0

资料来源：根据问卷调查整理

（五）农户对马铃薯种植过程中其他情况的分析

1. 种植户种植马铃薯的资金来源

在所有362个样本中，大部分农户种植马铃薯都是使用自有资金，但仍有相当一部分农户仍需要贷款，或者向亲戚朋友借钱。从图5-9可以看出，有大约1/3的农户在种植马铃薯上不能完全靠自有资金支持，需要从贷款等其他渠道获得资金，在一定程度上也说明了马铃薯种植过程中资金投入较大，资金也是制约农户扩大马铃薯种植的关键因素之一。

2. 农户参加农业保险情况

随着经济社会的发展，农业保险在农业生产中占据越来越重要的地位，越来越多的农户意识到参加农业保险是有效规避农业风险的方式之一。在362户种植户中，近90%的农户参加了农业保险，仅有39户（约10%）在2017年没有参加农业保险。通过交流了解到，农户不参加农业保险，最重要的原因是农业保险的价格超出农户能力接受的范围，具体结果，如表5-13所示。

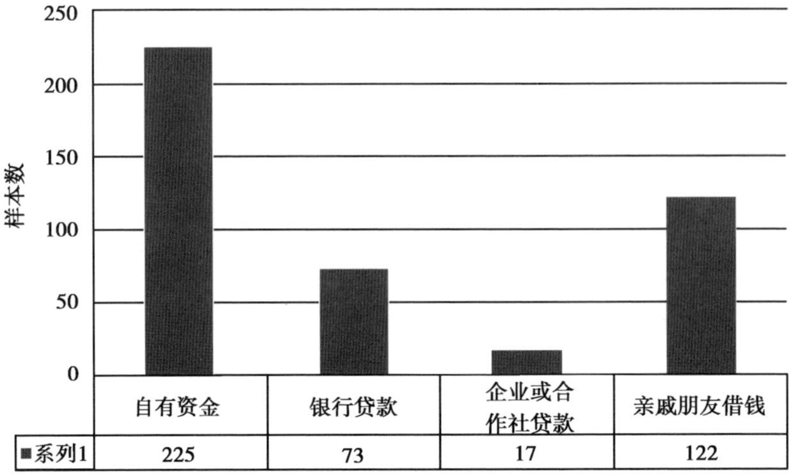

图 5-9　样本农户种植马铃薯资金来源情况

Fig. 5-9　Sample Peasant Households' Funding Source of Potato Plangting

资料来源：根据问卷调查整理

表 5-13　样本农户农业保险参加情况

Tab. 5-13　Sample Peasant Households' Situation of Agricultural Insurance

农业保险	户数	百分比（%）	累计百分比（%）	均值	标准差
参加了	323	89.23	89.23	0.89	0.310
未参加	39	10.77	100		

注：参加分类 参加了=1，未参加=0

资料来源：根据问卷调查整理

3. 种植马铃薯的种薯来源情况

种薯的品质会直接影响马铃薯的价格和产量，因此，对于种薯的来源，需要特别关注。在 362 个样本中，有 179 户种植户选择从正规企业购买种薯，也有大部分农户选择自留种，只有小部分农户选择从小商贩购买种薯。通过与农户深入交流得知，农户选用自留种及从小商贩购买种薯的重要原因是正规企业种薯价格过高。但自留种带毒、小商贩种薯不合格等问题，将是马铃薯产业发展中长期存在的一大隐患，具体结果，如表 5-14。

表 5-14　样本农户种植马铃薯的种薯来源

Tab. 5-14　Sample Peasant Households' Source of seed potato

种薯来源	户数	百分比（%）	累计百分比（%）	均值	标准差
正规企业	179	49.45	49.45		
小商贩	44	12.15	61.60	1.89	0.932
自留种	139	38.40	100		

注：种薯来源分类 正规企业=1，小商贩=2，自留种=3

资料来源：根据问卷调查整理

第六章　农户种植意愿影响因素实证研究

一、农户种植马铃薯意愿影响因素的描述性统计分析

（一）农户种植马铃薯意愿的总体情况

从所调查的样本数据分析结果来看，在所有参加调研的农户中，有 321 户农户表示有增加种植马铃薯的意愿，占被调查农户总数的 88.67%；而表示没有增加种植的意愿的农户有 41 户，占被调查农户总数的 11.33%。由此可以看出，大多数农户表示在条件允许的情况下，愿意继续增加种植马铃薯，具体结果，如图 6-1 所示（此后各表中“愿意”即愿意增加马铃薯种植面积，“不愿意”即不愿意增加马铃薯种植面积）。

（二）马铃薯种植意愿影响因素的描述性统计分析

1. 农户基本特征因素与马铃薯种植意愿的描述分析

（1）与女性相比，男性更愿意增加马铃薯种植。从调研数据来看，女性农户中有 54 人表示愿意种植马铃薯，占女性农户的 85.71%；男性农户中有 268 人愿意种植马铃薯，占男性农户的 89.63%。通过对比，可以看出，男性农户对马铃薯的种植意愿略高

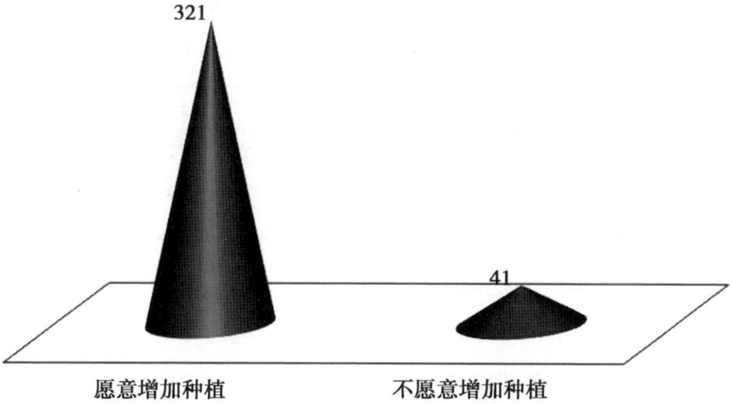

图 6-1　样本农户马铃薯种植意愿的总体分布情况

Fig. 6-1　Sample Peasant Households' Potato Production Willingness

资料来源：根据问卷调查整理

于女性农户，但差别不大，具体结果，如表 6-1。

表 6-1　样本农户性别与马铃薯种植意愿

Tab. 6-1　Sample Peasant Households' Gender and Potato Production Willingness

农户性别		愿意	不愿意	总计	占样本总数百分比
女	人数	54	9	63	(17.40%)
	百分比	85.71%	14.29%	100%	
男	人数	268	31	299	(82.60%)
	百分比	89.63%	10.37%	100%	

资料来源：根据问卷调查整理

（2）不同年龄对种植马铃薯的意愿无差异。从调研数据来看，对于是否继续增加马铃薯的种植面积，在年龄上并没有很大的差异。本书认为，造成这样的原因可能是定西市是马铃薯种植历史悠久的地区，农户种植马铃薯年数较长，他们对于马铃薯种植非常有经验，因此，对于马铃薯的种植，不会因为年龄而产生较大的差异，具体结果，如表 6-2。

表 6-2　样本农户年龄与马铃薯种植意愿

Tab. 6-2　Sample Peasant Households' Age and Potato Production Willingness

农户年龄		愿意	不愿意	总计	占样本总数
40 岁以下	人数	61	11	72	(19.89%)
	百分比	84.72%	15.28%	100%	
40~50 岁	人数	126	26	152	(41.99%)
	百分比	82.89%	17.11%	100%	
51~60 岁	人数	88	13	101	(27.90%)
	百分比	87.13%	12.87%	100%	
61 岁以上	人数	34	3	37	(10.22%)
	百分比	91.89%	8.11%	100%	

资料来源：根据问卷调查整理

（3）农户受教育程度越高更容易增加马铃薯种植。从调研数据来看，农户的受教育程度越高，马铃薯种植意愿也越高。可能的原因是文化程度越高，接受新技术、新信息的能力越强，在条件允许的范围内，更有意愿增加马铃薯种植，具体结果，如表 6-3。

表 6-3　样本农户受教育程度与马铃薯种植意愿

Tab. 6-3　Sample Peasant Households' Level of Education and Potato Production Willingness

受教育程度		愿意	不愿意	总计	占样本总数
小学以下	人数	44	18	62	(17.13%)
	百分比	70.97%	29.03%	100%	
小学	人数	74	12	86	(23.76%)
	百分比	86.05%	13.95%	100%	
初中	人数	146	7	153	(42.27%)
	百分比	95.42%	4.58%	100%	
高中专	人数	45	4	49	(13.53%)
	百分比	91.84%	8.16%	100%	

（续表）

受教育程度		愿意	不愿意	总计	占样本总数
大专及以上	人数	12	0	12	（3.31%）
	百分比	100%	0%	100%	

资料来源：根据问卷调查整理

（4）农户政治面貌与马铃薯种植意愿。从调研数据来看，样本农户中共产党员相对于群众来说，其马铃薯的种植意愿略高一点，但没有太大差异，具体结果，如表6-4。

表6-4　样本农户政治面貌与马铃薯种植意愿

Tab. 6-4　Sample Peasant Households' Political Orientation and Potato Production Willingness

政治面貌		愿意	不愿意	总计	占样本总数
共产党员	人数	96	6	102	（28.18%）
	百分比	94.12%	5.88%	100%	
群众	人数	224	36	260	（71.82%）
	百分比	86.15%	13.85%	100%	

资料来源：根据问卷调查整理

（5）农户家庭人数与马铃薯种植意愿关系不明显。从调研数据来看，家庭规模的大小，在马铃薯种植意愿上差异不明显，两者之间的关系不明确，具体结果，如表6-5。

表6-5　样本农户家庭规模与马铃薯种植意愿

Tab. 6-5　Sample Peasant Households' Size of Family and Potato Production Willingness

家庭人口		愿意	不愿意	总计	占样本总数
2人及以下	户数	48	12	60	（16.58%）
	百分比	80.0%	20.0%	100%	
3人	户数	53	3	56	（15.47%）
	百分比	94.64%	5.36%	100%	

（续表）

家庭人口		愿意	不愿意	总计	占样本总数
4 人	户数	83	7	90	（24.86%）
	百分比	92.22%	7.78%	100%	
5 人	户数	67	7	74	（20.44%）
	百分比	90.54%	9.46%	100%	
6 人	户数	54	12	66	（18.23%）
	百分比	81.81%	18.19%	100%	
7 人及以上	户数	15	1	16	（4.42%）
	百分比	93.75%	6.25%	100%	

资料来源：根据问卷调查整理

2. 农户对马铃薯主粮化认知情况与种植意愿的描述分析

（1）农户对马铃薯主粮化了解与否与是否增加种植意愿关系不大。调查结果显示，在 362 个有效样本中，非常了解和比较了解即“较了解”马铃薯主粮化战略的农户有 115 人，其中，有增加种植马铃薯意愿的有 101 户；有一点了解、听说过但不了解、没听说过即“不太了解”马铃薯主粮化战略的农户有 247 人，其中，有增加种植马铃薯意愿的有 220 户。两者几乎没有什么差别。本书分析其原因，可能是甘肃省定西市马铃薯种植以小农户自有土地为主，增加马铃薯种植意味着需要新租其他土地或减少其他作物种植面积，而对于马铃薯主粮化战略主要从电视、广播、村干部了解部分信息，掌握并不全面，加上国家具体的补贴或政策措施并没有到位。为此，农户是否了解马铃薯主粮化与是否会增加种植关系不大，也是符合实际情况的，具体结果，如表 6-6。

表 6-6　样本农户是否了解马铃薯主粮化战略与种植意愿

Tab. 6-6　Sample Peasant Households' Understanding of Potato Staple Food Project and Potato Production Willingness

马铃薯主粮化		愿意	不愿意	总计	占样本总数
比较了解	频数	101	14	115	(31.77%)
	百分比	87.83%	12.17%	100%	
不太了解	频数	220	27	247	(68.23%)
	百分比	89.07%	10.93%	100%	

资料来源：根据问卷调查整理

（2）对马铃薯主粮化相关宣传培训态度越积极，种植意愿越高。由表 6-7 可以看出，对于马铃薯主粮化相关宣传培训持积极态度的，马铃薯种植意愿也相对越高。也再次说明了，农户对马铃薯种植信息的缺乏以及对新信息、技术需求的迫切。

表 6-7　样本农户对马铃薯主粮化相关宣传培训态度与种植意愿

Tab. 6-7　Sample Peasant Households' Propaganda and Training of Potato Staple Food and Potato Production Willingness

马铃薯主粮化相关宣传培训		愿意	不愿意	总计	占样本总数
有必要	频数	299	32	331	(91.44%)
	百分比	90.33%	9.67%	100%	
无所谓	频数	14	7	21	(5.80%)
	百分比	66.67%	33.33%	100%	
没有必要	频数	8	2	10	(2.76%)
	百分比	80.0%	20.0%	100%	

资料来源：根据问卷调查整理

3. 外部环境因素对农户马铃薯种植意愿影响描述分析

（1）农户是否参加合作社与是否有新增种植意愿关系不明确。在 362 个农户样本中，参加合作社的有 68 户，表示愿意种植马铃薯的有64户，所占百分比为94.12%；没有参加合作社的有294户，其中，257户有意愿种植马铃薯，所占比例为87.41%。从表6-8可以看出，是否参与合作社对于农户马铃薯种植意愿关系不明确。

表6-8 样本农户参与合作社情况与马铃薯种植意愿

Tab. 6-8 Sample Peasant Households' Participation in Cooperatives and Potato Production Willingness

是否参与合作社		愿意	不愿意	总计	占样本总数
是	频数	64	4	68	(18.78%)
	百分比	94.12%	5.88%	100%	
否	频数	257	37	294	(81.22%)
	百分比	87.41%	12.59%	100%	

资料来源：根据问卷调查整理

（2）农户参加相关培训与增加马铃薯种植意愿关系不明确。在362个农户样本中，参加过马铃薯种植的相关培训的有219户，表示愿意种植马铃薯的有196户，所占百分比为89.50%；没有参加合作社的有143户，其中，124户有意愿种植马铃薯，所占比例为86.71%。从表6-9中可以看出，是否参与过相关的培训对于农户马铃薯种植意愿影响不大，只是参加过培训的种植意愿略高一点。

表6-9 样本农户参加相关培训与马铃薯种植意愿

Tab. 6-9 Sample Peasant Households' Participation in Training and Potato Production Willingness

是否参加相关培训		愿意	不愿意	总计	占样本总数
是	频数	196	23	219	(60.50%)
	百分比	89.50%	10.50%	100%	
否	频数	124	19	143	(39.50%)
	百分比	86.71%	13.29%	100%	

资料来源：根据问卷调查整理

二、研究假设

以上部分只是对所调查种植农户样本统计结果的描述性分析，到底哪些因素是真正影响农户增加马铃薯种植的决定性因素，还需要借助计量分析方法。在计量分析之前，先提出本书的研究假设，之后用计量手段加以验证。

假设一：农户特征。影响农户选择马铃薯种植行为的首要因素是农户自身的内部因素：包括农户个人特征和家庭特征，这些因素对马铃薯的种植意愿有着重要的影响。本书假设：样本农户的年龄越大，其未来增加种植马铃薯的意愿就越小；农户的文化程度越高，其未来增加种植马铃薯的意愿就越高，反之意愿就越小。

假设二：马铃薯种植情况。农户是否继续增加种植马铃薯，与前一年的种植收益关系很紧密，因为上一年的种植情况，对农户下一年对马铃薯种植采取怎样的措施具有较大的影响。本书假设：农户种植马铃薯产量越高，其未来增加种植马铃薯的意愿越大；农户种植年数越短，其未来增加种植马铃薯的意愿越大；农户农作物种植面积越大，其未来增加种植马铃薯的意愿越大；能够采用较为先进的技术，未来增加种植马铃薯的意愿越大。

假设三：马铃薯主粮化战略了解情况。主要用对马铃薯主粮化战略的了解与否、种植面积因马铃薯主粮化战略的变化与否及对于宣传马铃薯主粮化战略的态度来表示。本书假设：了解马铃薯主粮化战略的农户未来增加种植马铃薯的意愿越高；对马铃薯主粮化战略宣传推广态度越肯定的农户，其未来增加种植马铃薯的意愿就越大。

假设四：其他因素。农户马铃薯种植意愿不仅受自身因素的制约与影响，同时，还受到其他各类因素影响。主要有种植马铃薯资金来源、销路期望、对农业保险的信任程度、对病虫害的了解程度、是否能够使用脱毒种薯、是否享有各类补贴等因素。本书假设：种植马铃薯不需要贷款的农户未来增加种植马铃薯的意愿越大；越看好马铃薯销路的农户未来增加种植马铃薯的意愿越大；对农业保险信任程度高的农户未来增加种植马铃薯的意愿越大；对病虫害更了解的农户对未来增加种植马铃薯的意愿越大；使用脱毒种薯的农户未来增加种植马铃薯的意愿越大；得到的补贴越多农户未来增加种植马铃薯的意愿越大。

三、影响因素计量分析

基于以上理论研究假设，结合所调查 362 份农户问卷统计结果，利用二元选择模型，深入分析影响农户马铃薯种植意愿的影响因素。

（一）模型选取

在本研究中，农户关于马铃薯增加种植的意愿包括两种情况：愿意和不愿意，属于离散选择问题。本书选取二元 Logistic 模型，能较好地解决自变量非正态分布的问题，所求得的概率区间在 0~1。将因变量取值限定在［0，1］范围内，采用最大似然估计法对其回归参数进行估计。

设 P_i 为农户愿意种植马铃薯的概率，即 P_r（$Y_i=1$）$=P_i$，设 P_i 为：

$$P_i = \frac{1}{1+e^{-Z_i}} = \frac{e^{Z_i}}{1+e^{Z_i}} \qquad 其中, Z_i = \alpha = \beta X_i \tag{1}$$

上式即为 Logistics（累计）分布函数（Logistic distribution function）

可知 $\lim_{Z_i} \to -\infty P_i=0$，$\lim_{Z_i} \to +\infty P_i=1$ 且农户不愿意种植马铃薯的概率为（$1-P_i$），

则有 $1-P_i=\frac{1}{1+e^{Z_i}}$，因此可以得到：

$$\frac{P_i}{1-P_i}=\frac{1+e^{Z_i}}{1+e^{-Z_i}}=e^{Z_i} \tag{2}$$

而$\frac{P_i}{1-P_i}$为农户有马铃薯种植意愿的机会比率（odd ratio），即一个农户有马铃薯种植意愿与没有马铃薯种植意愿的概率之比。

对式（2）两边取自然对数，得到：

$$L_i=\ln\left(\frac{P_i}{1-P_i}\right)=\beta_i=\alpha+\beta X_i \tag{3}$$

为达到估计的目的，可将式（3）写为：$L_i=\ln\left(\frac{P_i}{1-P_i}\right)=\beta_i=\alpha+\beta X_i+\varepsilon_i$

根据实际研究需要，需要增加回归元，因此，模型的具体形式变为：

$$L_i=\log\frac{P_i}{1-P_i}=\alpha+\beta_1 X_{i1}+\beta_2 X_{i2}+\beta_3 X_{i3}+\cdots+\beta_n n+\varepsilon_i$$

我们借助于极大似然方法参数进行估计。Logit 模型的极大似然估计为：

假定有一个 n 次观测的随机样本。令 f_i（Y_i）表示 $Y_i=1$ 或 $=0$ 的概率，观测到 n 个 Y 值得联合概率，即 f_i（Y_1，Y_2，…，Y_n）为：

$$f_i(Y_1, Y_2, \cdots, Y_n)=\Pi_1^n f_i(Y_i)=\Pi_1^n P_i Y_i(1-P_i)^{1-Y_i} \tag{4}$$

式（4）即为似然函数（LLF），其中，每个 Y_i 都是独立的，而且有着相同的 Logistics 密度函数，所以将联合密度函数写成个别密度函数的乘积。

取自然对数，得到对数似然函数：

$$f_i\ (Y_1,\ Y_2,\ \cdots,\ Y_n)\ =\ \sum_{1}^{n}\ [Y_i\ln P_i+\ (1-Y_i)\ \ln\ (1-P_i)\ ]$$

$$=\sum_{1}^{n}\ [Y_i\ln P_i-Y_i\ln\ (1-P_i)\ +\ln\ (1-P_i)\ ]$$

$$=\sum_{1}^{n}\ [Y_i\ln\frac{P_i}{1-P_i}]\ +\sum_{1}^{n}\ [Y_i\ln\ (1-P_i)\ ] \tag{5}$$

又有：$1-P_i=\dfrac{1}{1+e^{Z_i}}$ （6）

$$\ln\frac{P_i}{1-P_i}=Z_i=\alpha+\beta X_i \tag{7}$$

将式（6）、式（7）式带入式（5）式整理得：

$$f_i\ (Y_1,\ Y_2,\ \cdots,\ Y_n)\ =\ \sum_{1}^{n}\ Y_i\ (\alpha+\beta X_i)\ -\ \sum_{1}^{n}\ \ln\ (1+e^{\alpha+\beta X_i})$$

由于 X_i 已知，所以，对似然函数是 β 的函数，将对数似然函数极为：

$$L\ (\beta)\ =\ \sum_{1}^{n}\ l_i\ (\beta)$$

β 的 MLE（记为 $\hat{\beta}$ 最大化了这个似然函数，$\hat{\beta}$ 为 Logit 估计量。

（二）变量设置

结合上述模型选取以及研究假设，给各因变量和自变量进行定义，并提出其预期方向。通过上述描述性统计分析以及对问卷问题的进一步筛选，确定因变量 y 为农户增加马铃薯种植意愿，取值即为 0 和 1。根据问卷数据，从 4 个方面即农户特征、2017 年马铃薯种植情况、马铃薯主粮化了解情况、其他因素共选取 20 个自变量，具体变量定义，如表 6-10。

农户特征包括农户年龄、性别、文化程度，选取这 3 个变量的原因是，这3个农户特征具有统一性，在一般认知中，它们相对于其他农户特征更容易影响农户的种植意愿。农户年龄的预期方向为负，性别和文化程度的预期方向为正。

马铃薯种植情况包括上一年产量、马铃薯种植年数、马铃薯种植面积、是否采用地膜覆盖技术、是否采用节水技术，选取这5个变量的原因是，是否增加种植马铃薯，受到之前马铃薯生产情况的影响，若之前一直比较顺利、并且收益不错，那么农户就会考虑未来增加种植。马铃薯种植年数的预期方向为负，其他4个变量的预期方向均为正。

马铃薯主粮化战略了解情况包括马铃薯主粮化了解程度、马铃薯主食产业化支持程度、马铃薯主粮化宣传培训态度，选取这3个变量的原因是，本书是基于马铃薯主粮化视角下的研究，选取与马铃薯主粮化相关的变量是非常必要的。这3个变量的预期方向均为正。

其他因素包括种植马铃薯是否是自有资金、对市场销路前景态度、对农业保险信任程度、是否认识常见的病害、是否认识常见的虫害、是否使用脱毒种薯、是否获得种植补贴、是否获得农机补贴、是否获得脱毒种薯补贴，选取这9个变量的原因是，这些变量都与马铃薯种植有直接联系或者是前提条件，可能会对农户种植意愿产生直接影响。其中，是否认识常见的病、虫害2个变量的预期方向为负，其他7个变量的预期方向为正。

表6-10 各变量定义赋值及预期作用方向

Tab. 6-10 Explain of Variables and Expected Direction

变量名称	变量定义	均值	标准差	预期方向
因变量（Y）				
农户增加种植马铃薯意愿	0=不愿意；1=愿意	0.89	0.317	
自变量（X）				
农户特征				

（续表）

变量名称	变量定义	均值	标准差	预期方向
农户年龄 x1	1=40 岁以下；2=40~50 岁；3=51~60 岁；4=61 岁以上	2.28	0.899	-
农户性别 x2	0=女；1=男	0.83	0.380	+
农户文化程度 x3	1=小学以下；2=小学；3=初中；4=高中专；5=大专及以上	2.62	1.025	+
马铃薯种植情况（2017）				
上一年产量 x4	按农户实际产量数据			+
农户马铃薯种植年数 x5	1=5 年以下；2=5~10 年；3=11~15 年；4=16~20 年；5=20 年以上	3.59	1.126	-
农户马铃薯种植面积 x6	1=未种植；2=10 亩及以下；3=11~20 亩；4=21~30 亩；5=31~40 亩；6=40 亩以上	2.43	0.771	+
是否采用地膜覆盖技术 x7	0=否；1=是	0.70	0.458	+
是否采用节水技术 x8	0=否；1=是	0.23	0.424	+
马铃薯主粮化战略了解情况				
马铃薯主粮化了解程度 x9	0=没听说过；1=听说过不了解；2=有一点了解；3=比较了解；4=非常了解	1.95	1.019	+
马铃薯主食化产业支持程度 x10	0=不支持；1=不确定；2=支持	1.93	0.298	+
马铃薯主粮化宣传培训态度 x11	0=没有必要；1=无所谓 2=有必要	1.16	0.466	+
其他因素				
完全自有资金 x12	0=否；1=是	0.51	0.50	+
市场销路前景 x13	0=不清楚；1=不如以前；2=差不多；3=比以前好	1.31	0.662	+
对农业保险信任程度 x14	1=很不信任；2=不太信任；3=一般；4=基本信任；5=非常信任	3.51	0.915	+
认识常见病害 x15	0=否；1=是	0.73	0.442	-
认识常见虫害 x16	0=否；1=是	0.69	0.465	-
能够使用脱毒种薯 x17	0=否；1=是	0.88	0.327	+

（续表）

变量名称	变量定义	均值	标准差	预期方向
获得种植补贴 x18	0=否；1=是	0.52	0.50	+
获得农机补贴 x19	0=否；1=是	0.39	0.488	+
获得脱毒种薯补贴 x20	0=否；1=是	0.41	0.493	+

（三）模型结果与分析

基于上文设定的模型和调研所得的数据，借助 STATA12.0 软件将农户是否有增加种植马铃薯意愿的 0-1 变量与各影响因素进行 Logit 模型估计，得出表 6-11 所反映的结果。

表 6-11　农户马铃薯种植意愿影响因素的 Logit 模型估计结果

Tab. 6-11　Logit Model Estimation Results of Influence Factors of Potato Production Willingness

变量		模型		
		系数	机会比率	Z 值
农户特征	年龄	-0.2404087	0.7863064	-0.98
	性别	0.4066621	1.501797	0.79
	文化程度	0.7972233***	2.21937	3.72
马铃薯种植情况（2017）	上一年马铃薯产量	0.0000034	1.000003	0.36
	马铃薯种植年数	-0.3366965**	0.7141256	-1.83
	马铃薯种植面积	0.2224939	1.249188	0.62
	是否采用地膜覆盖技术	0.6008206	1.823615	1.18
	是否采用节水技术	0.0693309	0.9330179	0.15
马铃薯主粮化相关情况	马铃薯主粮化了解程度	0.0120201*	1.012093	0.06
	马铃薯主食化产业支持程度	-0.7959384	0.4511577	-1.21
	马铃薯主粮化宣传培训态度	0.4649452*	1.591927	1.21

（续表）

变量		模型		
		系数	机会比率	Z 值
其他因素	完全自有资金	0.4227711*	1.526185	1.06
	市场销路前景	0.2151608*	0.8064117	0.75
	对农业保险信任程度	0.0450604	1.045725	0.21
	认识常见病害	-0.3131506**	0.7311398	-0.65
	认识常见虫害	-0.7736401**	2.167642	-1.77
	能够使用脱毒种薯	0.9761226	0.3767692	1.40
	获得种植补贴	0.5377504*	0.5840607	1.40
	获得农机补贴	0.3869974	1.472553	0.91
	获得脱毒种薯补贴	1.17623**	0.3084393	2.78
Log likelihood		-101.40827		

注：*、** 和 *** 分别表示 0.1、0.05 和 0.01 水平上显著

利用 Logistic 模型对相关指标的测算，可以对甘肃省定西市农户马铃薯种植行为特征及种植意愿影响因素进行比较系统的探讨。从回归结果来看，农户年龄、性别、上一年马铃薯产量、马铃薯种植面积、是否采用覆膜和节水技术、马铃薯主食产业化支持程度、对农业保险的信任程度、是否使用脱毒种薯、农机补贴未通过显著性检验。而通过显著性检验的变量有：农户文化程度、马铃薯种植年数、马铃薯主粮化了解程度、马铃薯主粮化宣传培训态度、用自有资金进行马铃薯生产种植、市场销路前景、常见病虫害、种植补贴、脱毒种薯补贴。

具体分析如下。

1. 未通过显著性检验的因素

（1）农户年龄因素。对农户是否有增加马铃薯种植意愿的影响不明显。此结果的原因是甘肃省定西市马铃薯种植历史悠久，当地农户世代都进行马铃薯的种植，因此，年龄在一定程度上对是否增

加马铃薯种植影响不大。

（2）农户性别因素。对农户是否有增加马铃薯种植意愿的影响不明显。此结果的原因是调研地区马铃薯种植广泛，男性和女性都从事马铃薯种植，不存在性别差异。

（3）上一年马铃薯产量因素。对农户是否有增加马铃薯种植意愿的影响不明显。甘肃省定西市是我国马铃薯主要生产地区，绝大多数农户都有种植马铃薯，产量的高低不会明显影响其增加种植马铃薯的意愿，而是可能会促使农户采用新的品种，从而增加产量。

（4）马铃薯种植面积因素。对农户是否有增加马铃薯种植意愿的影响不明显。在甘肃省定西市，马铃薯种植以小农户种植为主，并未拥有大面积耕地，每年种植作物几乎固定。同时，在交流中了解到，大多数农户在耕地固定的前提下，会优先选择销售价格高的农作物进行种植。

（5）地膜覆盖技术因素。对农户是否有增加马铃薯种植意愿的影响不明显。调研地区大多数农户都采用随机技术进行种植，对种植技术没有过高的要求，因此，是否采用了地膜覆盖技术，对农户增加种植马铃薯没有明显影响。

（6）节水技术因素。对农户是否有增加马铃薯种植意愿的影响不明显。甘肃省属于干旱半干旱地区，大多数农户靠天吃饭，对节水技术并不关注，因此，是否采用节水技术对农户增加种植马铃薯没有明显影响。

（7）马铃薯主食化产业支持程度因素。对农户是否有增加马铃薯种植意愿的影响不明显。导致这种情况的原因是，农户大多不知道马铃薯主食产业化，即便知道马铃薯主粮化，但与主食产业化有什么联系，大多数农户并不清楚，因此，在回答中过于主观。

（8）对农业保险信任程度因素。对农户是否有增加马铃薯种植意愿的影响不明显。调研地区绝大多数农户都参加了农业保险，并且大部分是统一办理，农户对于农业保险的信任程度没有具体的概念，因此，对农业保险的信任程度不会明显影响农户增加种植马铃薯的意愿。

（9）使用脱毒种薯因素。对农户是否有增加马铃薯种植意愿的影响不明显。调研地区大部分农户都使用过脱毒种薯，但仍有不少农户使用自留种，因为脱毒种薯价格较高，农户大部分不会全部都种植脱毒种薯，因此，是否使用脱毒种薯，对农户增加种植马铃薯影响不大。

（10）农机补贴因素。对农户是否有增加马铃薯种植意愿的影响不明显。甘肃省定西市马铃薯种植农户绝大部分是小农户种植，并没有足够大的耕地使用大型农机，因此，农机补贴对于调研地区农户来说不是很重要，对农户增加种植马铃薯的影响也就不明显。

2. 通过显著性检验的因素

（1）农户文化程度因素。对农户是否有意愿增加马铃薯种植有显著影响，且与预期方向一致。调查表明，随着文化水平的增高，对于新政策、新信息的接受程度就越高，对马铃薯相关产业信息了解越多，能够看到马铃薯产业的潜力，从而对增加马铃薯种植有较高的意愿。

（2）马铃薯种植年数因素。对农户是否有意愿增加马铃薯种植有显著影响，且与预期方向一致。说明农户种植马铃薯年数越短，刚刚踏入这个行业，还处在积极性较大的时期，敢于面对风险；同时，因为各种扶持政策的出台，种植年数较少的农户在短时间里享受到了实惠，依然保有较高的增加种植马铃薯的意愿。

（3）马铃薯主粮化了解程度因素。对农户是否有意愿增加马铃薯种植有显著影响，且与预期方向一致。说明越了解马铃薯主粮化战略的农户，马铃薯种植意愿越大，对于不了解马铃薯主粮化战略的农户来说，他们对其提出的意义、扶持政策等都不了解，所以，对增加马铃薯种植没有太大意愿。

（4）马铃薯主粮化宣传培训态度因素。对农户是否有意愿增加马铃薯种植有显著影响，且与预期方向一致。这表明，农户对于马铃薯产业相关政策、战略还有有一定的学习意识，越希望了解这些新政策、新消息的农户，越有可能增加种植马铃薯，因为，这对于农户提高收入有一定的帮助。

（5）完全自有资金因素。对农户是否有意愿增加马铃薯种植有显著影响，且与预期方向一致。说明在自由资金充足的情况下，资金越多，农户增加种植马铃薯的意愿越高。马铃薯产业潜力巨大，优质的马铃薯产品能够促进农户增加收入，若农户种植马铃薯的资金充足，那么增加种植，就可能增加农户种植收入。

（6）市场销路前景因素。对农户是否有意愿增加马铃薯种植有显著影响，且与预期方向一致。说明对马铃薯销路前景越看好，则更可能增加种植马铃薯。甘肃省定西市种植马铃薯历史悠久，农户对于马铃薯的销售价格非常看重，但如果只有不错的销售价格没有销路也无法实现增收，因此，对销路持乐观态度的农户，对自身增收也抱有信心，就更可能会增加种植马铃薯。

（7）认识常见病害因素。对农户是否有意愿增加马铃薯种植有显著影响，且与预期方向一致。说明越了解病害，在考虑自身能力后，如果无法解决，可能会导致马铃薯种植意愿下降。调研地区常见的病害有晚疫病、黑胫病、干腐病、环腐病等，如果农户越了解这些病害，就越了解要防治这些病害需要的成本有多少，如果自身不能承担，那么，很有可能会减少增加种植马铃薯的意愿。

（8）认识常见虫害因素。对农户是否有意愿增加马铃薯种植有显著影响，且与预期方向一致。说明越了解虫害，在考虑自身能力后，如果无法解决，可能会导致马铃薯种植意愿下降。调研地区常见的虫害有蚜虫、蛴螬、金针虫等，如果农户越了解这些虫害，就越了解要防治这些虫害需要的成本有多少，如果自身不能承担，那么，很可能会减少增加种植马铃薯的意愿。

(9) 种植补贴因素。对农户是否有意愿增加马铃薯种植有显著影响，且与预期方向一致。表明种植补贴力度越大，农户增加种植马铃薯的意愿越大。调研地区农户有部分除了种植马铃薯还有种植其他作物，种植补贴力度越大，更能够缓解农户的种植成本压力，从而有更多的资金可以用来支配，那么，在允许的条件下，就更有可能增加种植马铃薯。

(10) 脱毒种薯补贴因素。对农户是否有意愿增加马铃薯种植有显著影响，且与预期方向一致。表明脱毒种薯补贴力度越大，农户增加种植马铃薯的意愿越大。目前，甘肃省没有脱毒种薯补贴政策，调研中农户表示优质的脱毒种薯价格过高，自身无法负担，因此，如果出台脱毒种薯补贴政策，能够缓解农户种植马铃薯的成本压力，那么，农户增加种植马铃薯的意愿就越高。

第七章　主要结论与政策建议

一、主要结论

本书从国家马铃薯主粮化战略的提出及目标出发，分析了国家马铃薯主粮化战略提出的时代背景、历史意义，并对主粮化目标提出几点思考。分析认为，马铃薯主粮化是国家层面的宏观战略，但从目前国家及西北地区马铃薯产业发展现状来看，国家马铃薯主粮化战略的推进，需要品种、生产、加工、政策等多管齐下、多措并举，马铃薯种植环节也不例外，因此，仍是任重而道远。

根据甘肃省定西市 3 区（县）12 乡（镇）24 个村 362 户调研数据结果表明，国家马铃薯主粮化战略在西北区域的有效推进，需要考虑当地特有的种植历史和背景，同时，需要考虑影响马铃薯种植的多种因素条件。

1. 马铃薯主粮化战略认知方面

（1）农户对于马铃薯主粮化的认知程度，是提高马铃薯种植意愿的重要影响因素。当地马铃薯种植历史悠久，马铃薯种植业发展较为迅速，当地农户绝大部分都有种植马铃薯的习惯，对于马铃薯主粮化战略，当地农户还并不是很了解，大部分只是听说，并没有实际了解，对马铃薯主粮化战略的认知程度还有待提高。同时，农户对于国家新政策新战略有学习意识，并且主要关注点还是放在增收、补贴方面。

（2）农户的文化水平，是提高马铃薯种植意愿的重要影响因素。农户文化程度的高低很大程度上决定了其对新政策、新战略的接受程度，国家马铃薯主粮化战略的提出，其意义和作用需要农户自己去学习，若农户能够看到马铃薯产业的潜力、了解马铃薯主粮化的前景，将对马铃薯的种植有非常积极的影响。

2. 马铃薯生产种植方面

（1）农户种植马铃薯的年数，是提高马铃薯种植意愿的重要影响因素。农户长久形成的种植行为不容易快速地发生变化，农户习惯于种植自己熟悉的农作物，但如果种植时间过长却没有产量和收入的增加，那么，农户也就不会去增加种植，反而进入这个产业时间较短的农户，由于自身的积极性和政策的扶持，可以在较短时间内看到成效，也就更能够勇于挑战，增加种植。

（2）农户是否采用先进的种植技术，是提高马铃薯种植意愿的重要影响因素。当地气候属于干旱半干旱气候，大多靠天吃饭，并且缺水严重，而大多数农户缺乏有效节水的相关技术，因此，遇到旱情时减产较为严重，这会打击农户种植马铃薯的积极性。

（3）农户对于马铃薯种植过程的了解程度，是提高马铃薯种植意愿的重要影响因素。农户对于马铃薯种植过程越了解，就越能认识哪些病虫害会对马铃薯种植产生非常严重的不良影响，当农户预计自己无法承担因此而造成的大范围减产时，将会减少种植，适当观望。

3. 马铃薯生产扶持政策方面

（1）国家扶持政策的力度，是提高马铃薯种植意愿的重要影响因素。国家在农业方面的各项补贴一直是农户关心的重点，自己种植的农作物是否有补贴成为了影响他们是否继续或增加种植的因素之一，在国家农业扶持体系更加健全的时候，农户才放心增加种植。

（2）农户的家庭收入，是提高马铃薯种植意愿的重要影响因素。农户只有在资金充足的情况下，才会继续种植或者增加种植，当马铃薯生产成本过高，农户的收入已经无法承担，那么，就会导致减少生产，这也从另一个方面表示国家扶持政策的重要性。

4. 马铃薯销售方面

（1）马铃薯的市场价格，是提高马铃薯种植意愿的重要影响因素。马铃薯市场价格是农户在马铃薯生产过程中最关注的方面，只有在马铃薯市场价格达到农户的预期时，农户才会考虑是否在未来增加种植，如果马铃薯市场价格没有达到农户的预期，那么，他很可能未来不会增加种植，甚至会减少种植。

（2）马铃薯的销路，是提高马铃薯种植意愿的重要影响因素。马铃薯的销路也影响着农户是否会选择增加种植，只有销路好的时候，农户才有信心增加种植，这也就要求马铃薯收购企业能够配套跟上，促进农户增产的同时，也满足自身发展需要。

二、几点思考

1. 国家层面

自 2013 年马铃薯主粮化战略提出以来，国家一直努力对马铃薯主粮化进行宣传科普，颁布了一系列政策文件，并且召开多次会议，探讨马铃薯主粮化战略实施方向及成果，以促进马铃薯主粮化的实现。主要有 2015 年 1 月召开国家马铃薯主粮化发展战略研讨会；2016 年 2 月召开马铃薯产业开发高层研讨暨成果发布会；2016 年 6

月召开马铃薯主食开发工作座谈会以及各个阶段马铃薯主粮化战略实施汇报会；2016年2月农业农村部发布《关于推进马铃薯产业开发的指导意见》；2016年中央1号文件中提出“优化农业生产结构和区域布局，树立大食物观，积极推进马铃薯主食开发”；2016年国家卫计委《中国居民膳食指南2016版》提出“食物多样、谷类为主”；2017年中央1号文件提出“实施主食加工业提升行动，积极推进传统主食工业化、规模化生产，大力发展方便食品、休闲食品、速冻食品、马铃薯主食产品”；2017年将“建立和完善食物营养标准体系，强化营养主食、继续推进马铃薯主食产品研发与消费引导，以传统大众型、地域特色型、休闲及功能型产品为重点，开展营养主食的示范引导”列入国务院办公厅发布的《国民营养计划》。通过国家层面的宣传，进一步明确了马铃薯主粮化的重要意义，实现马铃薯主粮化目标将为我国粮食安全提供强有力的保障。

2. 技术层面

自马铃薯主粮化战略实施以来，各大科研院所、企业都积极研发先进的种植、加工技术，以获得高品质的马铃薯主食产品。已经筛选21个马铃薯主食产业化专用品种，并加以深入研究和推广，同时，配套的种植模式和生产技术也在逐步形成；脱毒种薯繁育技术、水肥药一体化、全程机械化等马铃薯高效生产技术体系进一步发展；区域一体化综合模式（黑龙江）与综合效益评价成果得以持续验证；彩色马铃薯及功能性主食产品完成配方设计并进入中型生产线；马铃薯馒头、马铃薯面条等一系列主食产品攻克不少技术难关，进一步增加主食产品中马铃薯的含量。在技术层面，国家和各级政府都在积极倡导科研机构、企业进行技术研发和技术创新，为马铃薯主粮化的实现提供坚实的技术支持，保证马铃薯主食产品的产量和品质。

3. 消费者层面

对于马铃薯消费结构，菜用还是占据主导地位，而经过马铃薯主粮化5年多的宣传科普，大中型城市消费者对于马铃薯主粮化也已经有一定程度的认知，国家大力宣传马铃薯主粮化，推广马铃薯主食产品，引导消费者转变消费观念，增加马铃薯主食产品的消费。到目前为止，已组织编写“马铃薯主粮化与全营养主食消费指南”“马铃薯营养及主食产业化”等宣传手册，同时，结合马铃薯主食产品营养特征，针对不同消费群体，开展科普文章、宣传手册、挂图、报告、参展等多形式、多角度的消费引导，如马铃薯主食厨房在超市落户、“回家吃饭”老人蒸制马铃薯馒头大比拼活动、马铃薯主食消费体验站的设立等。在消费者层面，开展多种多样的宣传与消费引导，进一步提高大众对马铃薯主食产品的认知，使马铃薯主食真正走到百姓家中。

4. 农户种植层面

要实现马铃薯主粮化，就要有高产量和高品质的马铃薯作为支撑，目前我国马铃薯的种植面积和产量距马铃薯主粮化目标还有一定差距。从单产来看，马铃薯理论单产可达8吨左右，欧盟国家平均亩产2吨以上，未来10年中国马铃薯亩产有望突破1.5吨。马铃薯在不与“三大主粮”争水抢地条件下，开发可利用耕地资源，如华北地下水漏斗区、南方冬闲田利用区和西北旱作潜力增长区，未来10年，马铃薯种植面积有望接近1.5亿亩，总产有望超过2亿吨。因此，研究马铃薯种植农户的种植意愿及其影响因素，就意义重大。通过对农户种植层面相关现状和数据的采集与分析，获得影响农户增加种植的影响因素，从而有针对性地提出相应的战略政策，以加强农户种植马铃薯的信心，使马铃薯主粮化目标得以顺利实现。

三、政策建议

基于本书对国家马铃薯主粮化战略的认识和了解以及对影响农户种植意愿的因素分析，提出以下几点政策建议。

1. 加强马铃薯主粮化战略科普宣传

马铃薯主粮化作为国家战略，具有重大的时代和历史意义，是中国新时代保障国家粮食安全、优化产业结构、改善居民膳食结构的较好选择。加强马铃薯主粮化战略科普宣传，绝不是盲目的以扩大种植面积为宣传目的，若没有配套的加工、销售和政策相对应，单纯地扩大种植面积不但不能让农户受益，还可能因产量过剩而导致区域性、阶段性“薯贱伤农”。因此，加强马铃薯主粮化战略科普宣传，重点是宣传国家战略选择的时代背景、重大意义，有何政策性补贴以及马铃薯产业链条包括品种选育、加工主食产品、消费引导等主粮化行动的进展，让农户真正认识马铃薯对国家粮食安全保障的重要性、马铃薯的营养价值等，对马铃薯产业保持积极的态度。从宣传途径上看，可以通过电视、网络、媒体报道、科普讲座、村干部讲解等多种形式。

2. 重视马铃薯品种和栽培技术的创新与研发

我国目前马铃薯主粮化所需要的专用品种还有待改良和培育，特别是针对不同区域的专用品种培育需要进一步加快推进。与此同时，应该结合当地实际情况，合理利用资源，对已有的栽培技术进行升级；对于马铃薯主食专用品种的改良应该给予一定的资金扶持和政策倾斜。可以在合适地区与当地政府、农科院、企业进行合作，宣传马铃薯主粮化项目，建立示范基地，发展先进种植技术，引导当地农户选择高效科学的种植方法，因地制宜地研发马铃薯种植小型机械设备，提高当地马铃薯种植机械化程度，从而确保马铃薯种植农户获得预期的马铃薯产量，保证农户收入。

3. 推广脱毒种薯，降低脱毒种薯的生产成本

目前，中国马铃薯脱毒种薯市场不规范，种薯品质良莠不齐，而真正的优质脱毒种薯价格较高，大部分农户不能完全承担，需要加快技术发展，降低脱毒种薯的生产成本，并落实马铃薯脱毒种薯补贴政策，减轻农户种植成本的负担，促使农户自主选择高品质的脱毒种薯。同时，为农户提供农业技术推广服务，让农户能够正确认识脱毒种薯的重要性；建立健全脱毒种薯生产和销售的评价机制，确保农户能够购买到高品质的脱毒种薯，从而帮助农户增产增收，增加农户种植积极性。

4. 尽快建立健全马铃薯生产扶持政策体系

制定有关马铃薯生产的惠农政策，例如马铃薯种植补贴、脱毒种薯补贴，降低农户所面临的生产成本压力；将马铃薯纳入粮食直接补贴的范围，同时，注意补贴的公平性，使种植马铃薯的农户与种植水稻、小麦、玉米的农户享有同等的优惠政策；结合当地实际情况，进行农业保险的改革和创新，提高保费补贴标准。此外，也要注重马铃薯运输、储藏环节的基础设施建设，增加财政扶持力度，修建大型冷库、公路等，提高马铃薯的保存时长和运输效率，解决马铃薯在集中上市时价格波动较大的问题，从而保证农户增收，增加农户种植积极性。

5. 加快制定马铃薯价格稳定政策

我国马铃薯的生产和收获在区域和季节分布上十分不平衡，而且受马铃薯休眠特性的影响，马铃薯的月上市量波动较大，同时，各地运输时间和花费不同，导致有些地区会有马铃薯滞留的情况，从

而导致储藏成本增加而抬高马铃薯市场价格。市场价格波动较大会直接损害种植农户的利益，因此，需要进一步加强国家宏观调控，完善相关政策法规，建立马铃薯价格稳定政策，如建立及时权威的产销信息发布制度、建立预警防范体系、对有可能引起严重供求失衡和市场价格剧烈波动的因素进行充分的估计、建立过剩产品处置的政府补贴机制等，确保市场平稳运行。同时，大力发展农民专业合作社和农民协会，提高生产的组织化程度，减少生产的盲目性，增强价格谈判的能力；实行产销合作，逐步实现以销定产，从而稳定农户种植马铃薯的收益，促进马铃薯产业健康持续发展。

附　录

问卷编号：__________　　　　　　　　　　　　记录人：____________

商品薯主产区农户种植行为调查问卷

您的姓名：

联系方式：

调查地：　　甘肃省定西市__________区（县）

______________镇__________村

填表日期：

（没有提示多选的题目都是单选题）

第一部分：商品薯种植情况

Q1-1. 您种商品薯多少年：__________ 年

Q1-2. 您是通过什么途径选择种植商品薯？

A. 政府宣传　B. 合作社动员 C. 自己想种 D. 别人介绍　E. 其他__________

Q1-3. 您是否加入商品薯种植合作社：A. 是　B. 否

如果是，您哪年加入合作社：__________

Q1-4. 合作社为您提供哪些服务（可多选）：

A. 种子 B. 生产 C. 储藏 D. 加工 E. 销售

Q1-5. 您是否与龙头企业签订商品薯产销订单：A. 是　B. 否

Q1-6. 您是否参加过农业技术培训：A. 是　B. 否

Q1-7. 您是否获得过农技推广服务：A. 是　B. 否

Q1-8. 您与当地农业技术人员的联系程度：

A. 总是　B. 经常 C. 有时 D. 很少　E. 从不

Q1-9. 种植商品薯过程中，哪些环节请别人帮忙（可多选）：

1. 整地　B. 播种　C. 施肥　D. 施农药　E. 收获　F. 其他__________　G. 不请人帮忙

Q1-10. 您种植商品薯的资金来源（可多选）：

A. 自有资金　B. 银行贷款 C. 企业或合作社贷款 D. 亲戚朋友借钱

Q1-11. 您种植商品薯薯种是脱毒种薯吗：A. 是　B. 否

Q1-12. 您种植商品薯薯种来源：A. 正规企业　B. 小商贩　C. 自留种

Q1-13. 您是否参加过商品薯种植技术培训：A. 是　B. 否

Q1-14. 您是否有灌溉用水使用权：A. 是　B. 否

Q1-15. 您种植商品薯浇水是否需要付费：　A 是　B 否

Q1-16. 您种植商品薯是否获得如下补贴（可多选）：

A. 种植补贴　B. 农机补贴　C. 脱毒种薯补贴　D. 其他，请列出__________

Q1-17. 您在种植过程中是否采用以下措施或技术（可多选）：

A. 调整作物品种　B. 修建基础设施　C. 采用土壤保护技术

D. 改善农田周边生态环境　E. 调整农时　F. 增加化肥农药投入　G. 增加灌溉

Q1-18. 您未来3年是否采用以下措施或技术（可多选）：

A. 调整作物品种　B. 修建基础设施　C. 采用土壤保护技术

D. 改善农田周边生态环境　E. 调整农时　F. 增加化肥农药投入　G. 增加灌溉

Q1-19. 您是否能够通过各种方式满足马铃薯灌溉用水需求：A. 是　B. 否

Q1-20. 您是否采取了以下节水技术（可多选）：

A. 膜下滴灌技术　B. 稻草覆盖免耕栽培技术　C. 水窖集雨节灌技术

D. 全膜双垄沟播技术　E. 其他，请注明__________________

Q1-21. 您认为当前种植商品薯存在的最大困难：

A. 资金短缺　B. 种植技术缺乏　C. 劳动力成本高　D. 土地投入不足

E. 缺水　F. 商品薯价格太低　G. 商品薯销售渠道缺乏　H. 其他，请注明________________

Q1-22. 为什么种植商品薯，不种其他作物：

A. 种植商品薯的经济效益更好　B. 种植商品薯得到的补贴更多

C. 您家的土地情况更适合种植商品薯　D. 马铃薯主粮化战略的提出　E. 政府或合作社鼓励种植马铃薯　F. 其他，请注明__________

Q1-23. 您种植商品薯有过最高的亩产__________千克

Q1-24. 您种植商品薯的技术是随机的吗？A. 是　B. 否

Q1-25. 如果在提供技术和服务的情况下，您预计产量会提高多少：__________%

Q1-26. 今后您是否有增加种植商品薯的意愿：A. 是　　B. 否

Q1-27. 如果有意愿，原因是__________

Q1-28. 如果没有意愿，原因是__________

Q1-29. 您家明年准备种植商品薯，考虑最多的5个因素并从大到小排序：______________________________

A. 亩均产量　B. 市场价格　C. 市场销路　D. 人工投入　E. 土地租金

F. 灌溉费用　G. 覆膜技术　H. 播种机械化　I. 收获机械化

J. 储藏技术　K. 良种补贴　L. 农机购置补贴　M. 脱毒种薯补贴　N. 其他

第二部分：农业保险

Q2-1. 您对农业保险知识的了解程度：

A. 非常了解　B. 比较了解　C. 一般　D. 不太了解　E. 非常不了解

Q2-2. 您对农业保险公司的信任程度：

A. 非常信任　B. 比较信任　C. 一般　D. 不太信任　E. 非常不信任

Q2-3. 您对农业保险的了解途径（可多选）：

1. 新闻媒体 B. 亲邻朋友　C. 企业、合作社或协会　D. 村干部　E. 政府宣传 F. 保险公司 G. 其他

Q2-4. 您认为农业保险对促进农业生产的作用：

A. 非常大　B. 比较大　C. 一般　D. 比较小　E. 非常小

Q2-5. 您认为从事农业的风险：

1. 非常大　B. 比较大　C. 有些大　D. 不太大　E. 很小或

没有

	1. 2015年	2. 2016年	3. 2017年
Q2-6. 是否参加了农业保险：A. 是　B. 否			
Q2-7. 如参保，农业保险对产量的保障水平： A. 50%　B. 70%　C. 90%　D. 100%			
Q2-8. 如参保，对农业保险服务的满意程度： A. 非常满意　B. 比较满意　C. 一般 D. 不太满意　E. 不满意			

★农业保险需求调查：

答题前须知：

当前市场上存在各种农业保险。但是种植户对于农业保险的一些需求仍然没有得到满足。以下4组问题是为了解您对农业保险的需求偏好。假定一款保险产品有如下5种主要特点：保险范围，获赔损失比例起点，险种涉及的作物种类，补贴后每年保费，理赔程序繁琐程度。

第一，保险范围包括以下4种等级：(不用填)

1. 旱灾、雹灾、病灾、虫灾；
2. 旱灾、雹灾、病灾、虫灾、火灾；
3. 旱灾、雹灾、病灾、虫灾、火灾、水灾、风灾；
4. 旱灾、雹灾、病灾、虫灾、火灾、水灾、风灾、价格下跌、成本上升；

第二，获赔损失比例起点包括以下4种等级：(不用填)

1. 您投保后获得的产量损失赔付比例至少30%；
2. 您投保后获得的产量损失赔付比例至少50%；
3. 您投保后获得的产量损失赔付比例至少70%；
4. 您投保后获得的产量损失赔付比例至少90%；

第三，险种涉及的作物种类包括以下两类：(不用填)

1. 仅为马铃薯保险；

2. 不仅为马铃薯保险，还包括其他作物品种保险；

第四，补贴后每年保费包括以下5种档次：(不用填)

1. 政府补贴之后，您每年每亩需要支付的农业保险费用是15元；

2. 政府补贴之后，您每年每亩需要支付的农业保险费用是20元；

3. 政府补贴之后，您每年每亩需要支付的农业保险费用是25元；

4. 政府补贴之后，您每年每亩需要支付的农业保险费用是30元；

5. 政府补贴之后，您每年每亩需要支付的农业保险费用是35元；

第五，理赔程序繁琐程度包括以下3个档次：(不用填)

1. 农业保险的理赔程序繁琐程度低；

2. 农业保险的理赔程序繁琐程度中等；

3. 农业保险的理赔程序繁琐程度高。

如果您对以上5种特点和其等级有疑虑，请向调研人员指出。调研人员会为您详细解释。

假定您现在为下一个种植年份考虑是否需要参与农业保险，在以下4个问题当中，每一个问题会有保险产品A，保险产品B，都不想购买3种选项供您选择。其中，保险产品A和B在以上5种特点当中，会有至少一项特点不同。请按照您的需求与偏好，在3种选项当中选择最适合您的一项（单选题）。以下4个问题没有任何相关性，请单独考虑和回答。

Q2-9. 现在有 2 种农业保险类型，请您根据选择一项或不想购买，请打钩。

保险特点	农业保险产品 A	农业保险产品 B	不想购买
保险范围	旱灾、雹灾、病灾、虫灾、火灾、水灾、风灾	旱灾、雹灾、病灾、虫灾、火灾	
获赔损失比例起点	70%	90%	
险种涉及的作物种类	仅是商品薯保险	对商品薯和其他作物也保险	
补贴后每年保费	35 元/亩	25 元/亩	
理赔程序繁琐程度	低	中等	
请打√（单选）	□ A. 选择产品 A	□ B. 选择产品 B	□ C. 都不想购买

Q2-10. 现在有 2 种农业保险类型，请您根据选择一项或不想购买，请打钩。

保险特点	农业保险产品 C	农业保险产品 D	不想购买
保险范围	旱灾、雹灾、病灾、虫灾、火灾、水灾、风灾	旱灾、雹灾、病灾、虫灾	
获赔损失比例起点	50%	70%	
险种涉及的作物种类	对商品薯和其他作物也保险	仅是商品薯保险	
补贴后每年保费	20 元/亩	25 元/亩	
理赔程序繁琐程度	高	中等	
请打√（单选）	□ A. 选择产品 C	□ B. 选择产品 D	□ C. 都不想购买

Q2-11. 现在有 2 种农业保险类型，请您根据选择一项或不想购买，请打钩。

保险特点	农业保险产品 E	农业保险产品 F	不想购买
保险范围	旱灾、雹灾、病灾、虫灾	旱灾、雹灾、病灾、虫灾、火灾	
获赔损失比例起点	50%	30%	
险种涉及的作物种类	仅是商品薯保险	对商品薯和其他作物也保险	
补贴后每年保费	20 元/亩	35 元/亩	
理赔程序繁琐程度	高	低	
请打√（单选）	□ A. 选择产品 E	□ B. 选择产品 F	□ C. 都不想购买

Q2-12. 现在有 2 种农业保险类型，请您根据选择一项或不想购买，请打钩。

保险特点	农业保险产品 G	农业保险产品 H	不想购买
保险范围	旱灾、雹灾、病灾、虫灾、火灾、水灾、风灾	旱灾、雹灾、病灾、虫灾、火灾、水灾、风灾、价格下跌、成本上升	
获赔损失比例起点	30%	90%	
险种涉及的作物种类	仅是商品薯保险	对商品薯和其他作物也保险	
补贴后每年保费	25 元/亩	30 元/亩	
理赔程序繁琐程度	中等	高	
请打√（单选）	□ A. 选择产品 G	□ B. 选择产品 H	□ C. 都不想购买

第三部分：商品薯的储藏销售

Q3-1. 您家商品薯主要如何储藏（单选）：

A. 地窖　B. 半地下储藏窖　C. 靠山储窖　D. 石窖

E. 现代化冷库（带有通风/制冷设备）F. 其他，请注明______

G. 没有储藏

Q3-2. 今年您对商品薯的产后用途及比重：

A. 合作社统销________% B. 企业收购________%

C. 小商贩__________% D. 自己市场出售________%

E. 自留__________%

Q3-3. 今后您对商品薯的产后销路（可多选）：

A. 合作社统销 B. 企业收购 C. 小商贩 D. 自己市场出售 E. 自留

Q3-4. 您认为今年商品薯目前的销路比以前：

A. 不如以前 B. 差不多 C. 比以前好 D. 不清楚

第四部分：社会关系

Q4-1. 您在农忙季节邻里是否帮助收获：A. 是 B. 否

Q4-2. 与亲戚朋友、邻居间的交流是否频繁：A. 是 B. 否

Q4-3. 您家是否有亲戚在政府和事业单位工作：A. 是 B. 否

Q4-4. 您家是否有亲戚在信用社或银行工作：A. 是 B. 否

Q4-5. 您家亲属是否有从事商品薯加工：A. 是 B. 否

Q4-6. 若是，您是否卖给他/她：A. 是 B. 否

Q4-7. 您家亲属从事商品薯销售：A. 是 B. 否

Q4-8. 若是，您是否卖给他/她：A. 是 B. 否

第五部分：马铃薯主粮化的认知情况

Q5-1. 您对马铃薯被确定为我国第四大主要粮食的了解程度：

A. 非常了解 B. 比较了解 C. 有一点了解 D. 听说过，但不了解 E. 没听说过

Q5-2. 您是否支持马铃薯主食产业化的推进

A. 支持 B. 不确定 C. 不支持

Q5-3. 您是通过什么渠道了解到马铃薯主粮化战略（可多选）：

A. 新闻媒体 B. 亲邻朋友 C. 企业、合作社或协会

D. 村干部 E. 政府宣传 F. 其他

Q5-4. 您认为马铃薯主粮化对解决温饱问题的作用大吗？

A. 非常大　B. 比较大　C. 一般　D．比较小　E. 非常小

Q5-5. 您认为有必要对马铃薯主粮化的相关知识进行宣传和培训吗？

A. 有必要　　B. 无所谓　　C. 没有必要

Q5-6. 您对马铃薯营养价值和功能的了解程度：

A. 非常了解　B. 了解　C. 一般　D. 不了解　E. 非常不了解

Q5-7. 您对马铃薯的通常吃法是：________

Q5-8. 日常生活中，您一周吃几顿马铃薯：________

Q5-9. 如果马铃薯馒头、粉条等产品的价格高，您还愿意购买吗？

A. 非常愿意　B. 比较愿意　C. 一般　D. 不太愿意　E. 不愿意

第六部分：气候变化认知

Q6-1. 在过去 20 年间（1997—2016 年），您是否意识到年平均气温：

A. 呈下降趋势　B. 保持稳定 C. 呈上升趋势

Q6-2. 在过去 20 年间（1997—2016 年），您是否意识到年平均降水量：

A. 呈下降趋势　B. 保持稳定　C. 呈上升趋势

Q6-3. 近 5 年，您认为当地气候是否影响商品薯种植：

A. 是，正面影响　B. 是，负面影响　C. 否，没有影响

Q6-4. 近五年，您认为干旱是否更加频繁地发生：A. 是　B. 否

Q6-5. 您是否经常收听天气预报：A. 是　B. 否

Q6-6. 在过去一年内是否收到政府提供的灾害预警信息：A. 是 B. 否

Q6-7. 村庄是否宣传应对气候变化措施：A. 是　B. 否

第七部分：种植户主基本信息

Q7-1. 您的性别：A. 男 B. 女

Q7-2. 出生年：________

Q7-3. 民族：________

Q7-4. 您是否村干部：A. 是 B. 否

Q7-5. 您是否党员：A. 是 B. 否

Q7-6. 您的婚姻状况：A. 未婚 B. 已婚 C. 离异 D. 丧偶

Q7-7. 您的文化程度：A. 小学以下 B. 小学 C. 初中 D. 高中专 E. 大专及以上

Q7-8. 您的健康状况：A. 良好 B. 一般 C. 不好

Q7-9. 您还从事其他非农职业吗？____________；从事的地点：__________每年大约________天

Q7-10. 家庭常住总人数：________人，其中，劳动力：______人，种植商品薯劳动力：________人

Q7-11. 家庭在城市务工的人数：_____________人，2014 年，2015 年，2016 年的 3 年中平均每年收到在外务工家庭成员的汇款数：________元

Q7-12. 您家庭总收入（非净收入）：2015 年________元，2016 年________元

Q7-13. 如下有 6 项不同的投资类型，您喜欢哪一项（单选）：

A. 50%的机会最低回报 28 元，50%的机会最高回报 28 元

B. 50%的机会最低回报 24 元，50%的机会最高回报 36 元

C. 50%的机会最低回报 20 元，50%的机会最高回报 44 元

D. 50%的机会最低回报 16 元，50%的机会最高回报 52 元

E. 50%的机会最低回报 12 元，50%的机会最高回报 60 元

F. 50%的机会最低回报 2 元，50%的机会最高回报 70 元

第八部分

附表 1　2015—2017 年农户种植商品薯的成本收益

	2015 年	2016 年	2017 年
Q8-1 您家拥有的所有耕地面积	1. 土地________亩，其中，2. 自有承包地__________亩，3. 租入土地________亩，4. 租出土地______亩	5. 种植________亩，其中，6. 自有承包地__________亩，7. 租入土地________亩，8. 租出土地______亩	9. 种植________亩，其中，10. 自有承包地________亩，11. 租入土地__________亩；12. 租出土地________亩
Q8-2 商品薯种收面积	1. 共________亩，其中，2. 肥沃土地：__________亩，3. 贫瘠土地：________亩，4. 收获________亩	5. 共________亩，其中，6. 肥沃土地：__________亩，7. 贫瘠土地：________亩，8. 收获________亩	9. 共__________亩，其中，10. 肥沃土地：________亩，11. 贫瘠土地：________亩，12. 收获________亩
Q8-3 种植的商品薯品种	1. 品种 1 名称：________，2. 种植面积________亩，3. 单产________千克/亩，4. 种子费用________元，5. 品种 2 名称：________，6. 种植面积________亩，7. 单产________千克/亩，8. 种子费用________元，9. 品种 3 名称：________，10. 种植面积________亩，11. 单产________千克/亩，12. 种子费用________元	13. 品种 1 名称：________，14. 种植面积________亩，15. 单产________千克/亩，16. 种子费用________元，17. 品种 2 名称：__________，18. 种植面积________亩，19. 单产________千克/亩，20. 种子费用________元，21. 品种 3 名称：________，22. 种植面积________亩，23. 单产________千克/亩，24. 种子费用________元	25. 品种 1 名称：__________，26. 种植面积________亩，27. 单产________千克/亩，28. 种子费用________元，29. 品种 2 名称：________，30. 种植面积________亩，31. 单产________千克/亩，32. 种子费用________元，33. 品种 3 名称：________，34. 种植面积________亩，35. 单产________千克/亩，36. 种子费用________元
Q8-3 肥料	1. 投入量：________千克，2. 费用________元	3. 投入量：________千克，4. 费用________元	5. 投入量：________千克，6. 费用________元

（续表）

	2015 年	2016 年	2017 年
Q8-4 农药	1. 费用________元	2. 费用________元	3. 费用________元
Q8-5 人工	1. 费用__________元，2. 投入量：________天	3. 费用__________元，4. 投入量：________天	5. 费用________元，6. 投入量：________天
Q8-6 农机费用	1. 费用________元	2. 费用________元	3. 费用________元
Q8-7 地租	1. 租金________元/亩	2. 租金________元/亩	3. 租金________元/亩
Q8-8 亩均成本	1. ________元/亩	2. ________元/亩	3. ________元/亩
Q8-9 休耕补贴	1. 休耕________亩，2. 补贴______元/亩	3. 休耕______亩，4. 补贴________元/亩	5. 休耕________亩，6. 补贴________元/亩
Q8-10 销售情况	1. ____________千克，2. 销售均价________元/千克	3. ____________千克，4. 销售均价________元/千克	5. ________千克，6. 销售均价________元/千克

第九部分

附表 2　2015—2017 年农户种植商品薯的风险管理

项目		2015 年	2016 年	2017 年
Q9-1 病害	1. 病害发生次数	1. 共________次，2. 病害 1 名称________，3. 病害 2 名称________	4. 共________次，5. 病害 1 名称________，6. 病害 2 名称________	7. 共________次，8. 病害 1 名称________，9. 病害 2 名称________
	2. 受灾面积	1. ________亩	2. ________亩	3. ________亩
	3. 受灾产量	1. ________千克	2. ________千克	3. ________千克
	4. 病株率	1. ________%	2. ________%	3. ________%
	5. 能认识常见病害吗	A. 是　B. 否		
	6. 能了解常见病害发生规律吗	A. 是　B. 否		
Q9-2 虫害	1. 虫害发生次数	1. ____次，2. 虫害名称 1____，3. 虫害名称 2______	4. ____次，5. 虫害名称 1____，6. 虫害名称 2______	7. ____次，8. 虫害名称 1____，9. 虫害名称 2______
	2. 受灾面积	1. ______亩	2. ______亩	3. ______亩
	3. 受灾产量	1. ______千克	2. ______千克	3. ______千克
	4. 病株率	1. ______%	2. ______%	3. ______%
	5. 是否能认识常见虫害	A. 是　B. 否		
	6. 是否能了解常见虫害发生规律	A. 是　B. 否		
Q9-3 是否采用脱毒种薯		A. 是　B. 否	A. 是　B. 否	A. 是　B. 否
Q9-4 是否采用地膜覆盖栽培技术		A. 是　B. 否	A. 是　B. 否	A. 是　B. 否
Q9-5 是否有良种投入		A. 是　B. 否	A. 是　B. 否	A. 是　B. 否
Q9-6 地块是否肥沃		A. 是　B. 否	A. 是　B. 否	A. 是　B. 否
Q9-7 是否采用节水技术		A. 是　B. 否	A. 是　B. 否	A. 是　B. 否

（续表）

项目	2015 年	2016 年	2017 年
Q9-8 是否对商品薯生产的抗旱抗病虫害技术投入	A. 是 B. 否	A. 是 B. 否	A. 是 B. 否

第十部分

附表 3　2016 年农户同时种植其他作物的投入成本和收益

项目	种植面积	种子	肥料	农药	人工	机械	土地租金	政策补贴	亩产	总销售量	出售均价	亩均成本
Q10-1 玉米	1. __ 亩	2. 费用 __元	3. 用量：____千克，4. 费用____元	5. 费用__元	6. 费用 _元	7. 费用 __元	8. ___元	9. ___元	10. _ 千克/亩	11. ____千克	12. ____元/千克	13. __元
Q10-2 豌豆	1. __ 亩	2. 费用 __元	3. 用量：___千克，4. 费用____元	5. 费用__元	6. 费用 _元	7. 费用 __元	8. ___元	9. ___元	10. _ 千克/亩	11. ____千克	12. ____元/千克	13. __元
Q10-3 春小麦	1. __ 亩	2. 费用 __元	3. 用量：___千克，4. 费用____元	5. 费用 __元	6. 费用 _元	7. 费用 __元	8. ___元	9. ___元	10. _ 千克/亩	11. ____千克	12. ____元/千克	13. __元
Q10-4 胡麻	1. __ 亩	2. 费用 __元	3. 用量：___千克，4. 费用____元	5. 费用 __元	6. 费用 _元	7. 费用 __元	8. ___元	9. ___元	10. _千克/亩	11. ____千克	12. ____元/千克	13. __元
Q10-5	1. __ 亩	2. 费用 __元	3. 用量：___千克，4. 费用____元	5. 费用 __元	6. 费用 _元	7. 费用 __元	8. ___元	9. ___元	10. _ 千克/亩	11. ____千克	12. ____元/千克	13. __元

（续表）

项目	种植面积	种子	肥料	农药	人工	机械	土地租金	政策补贴	亩产	总销售量	出售均价	亩均成本
Q10-6	1. __ 亩	2. 费用 __元	3. 用量：___千克，4. 费用____元	5. 费用 __元	6. 费用 _元	7. 费用 __元	8. ___元	9. ___元	10. _____千克/亩	11. _____千克	12. _____元/千克	13. __元
Q10-7	1. __ 亩	2. 费用 __元	3. 用量：___千克，4. 费用____元	5. 费用 __元	6. 费用 _元	7. 费用 __元	8. ___元	9. ___元	10. _____千克/亩	11. _____千克	12. _____元/千克	13. __元
Q10-8	1. __ 亩	2. 费用 __元	3. 用量：___千克，4. 费用____元	5. 费用 __元	6. 费用 _元	7. 费用 __元	8. ___元	9. ___元	10. _____千克/亩	11. _____千克	12. _____元/千克	13. __元

备注：除了玉米、豌豆、春小麦、胡麻，您如果还种植其他作物，请在 Q10-5、Q10-6、Q10-7、Q10-8 一行中补充填写

参考文献

闭祖金，王小鹏 . 2015. 灵山县机械化种植马铃薯技术［J］. 广西农学报，30（6）：57-58.

蔡兴奎，谢从华 . 2016. 中国马铃薯发展历史、育种现状及发展建议［J］. 长江蔬菜，12：30-33.

陈冠礼，王毅 . 2012. 南方冬种马铃薯机械化生产的制约因素分析及发展对策研究［J］. 农业机械，14：32-33.

陈桂权 . 2015. 由副食到主食：从马铃薯的本土化看其主粮化的前景［J］. 古今农业（3）：11-22.

陈萌山，王小虎 . 2015. 中国马铃薯主食产业化发展与展望［J］. 农业经济问题，12：4-11.

陈姗姗，刘康，陈海，等 . 2016. 基于土地要素的农户行为决策模型分析——以陕西省米脂县姜兴庄村为例［J］. 西北大学学报（自然科学版），01：134-138.

陈万明，蔡瑞林，林琳 . 2016. 推进马铃薯主粮化的战略构想［J］. 贵州农业科学，44（1）：182-185.

崔岩 . 2011. 统计分析中的定量与定性研究［J］. 现代经济信息（11）：106-107.

杜文忠 . 2010. 西部地区县域特色产业发展对策研究［J］. 重庆大学学报（社会科学版），16（3）：1-6.

樊鹏飞，梁流涛，刘志丹，等 . 2016. 粮食生产核心区不同类型农户耕地保护的认知与行为［J］. 水土保持通报，03：172–178.
樊晓迪，何蒲明 . 2016. 马铃薯主粮化的必要性和可行性研究［J］. 农业经济（3）：12–14.
冯华 . 2015. 我国力推马铃薯主粮化战略小土豆成第四大主粮［J］. 新农村：黑龙江（17）：7–7.
冯璐，张焱，吴春梅 . 2015. 农业企业投资条件下农户生产行为决策的影响因素——基于云南西南山区农户调查的实证分析［J］. 江苏农业科学，11：576–580.
付恭华，王莹，鄢帮有 . 2013. 生态农业与中国未来的粮食安全［J］. 农林经济管理学报，12（3）：289–294.
高广金，李求文 . 2016. 马铃薯主粮化产业开发技术［M］. 湖北科学技术出版社 .
高剑华，沈艳芬，李卫东，等 . 2017. 2016 年湖北省马铃薯产业发展现状、存在问题及发展建议［C］. 中国马铃薯大会 .
高雷 . 2011. 水稻种植户生产行为研究——基于要素投入视角［D］. 中国农业科学院 .
高明杰，罗其友，刘洋，等 . 2013. 中国马铃薯产业发展态势分析［J］. 中国马铃薯，27（4）：243–247.
高明杰 . 2015. 马铃薯市场情况分析及走势预判［J］. 农产品市场周刊（8）：48–49.
高升 . 2011. 农户参加培训决策行为的影响因素——基于湖南 1 040 户农户的调查［J］. 湖南农业大学学报（社会科学版），12（4）：21–26.
顾冯 . 2011. 南通市农户优质安全蔬菜种植意愿及其向实际行为转化的影响因素分析［D］. 南京农业大学 .
顾莉丽 . 2012. 中国粮食主产区的演变与发展研究［D］. 吉林

农业大学 .
韩超艳 . 2007. 基于复杂系统理论的产品设计研究［D］. 陕西科技大学 .
韩黎明，童丹 . 2016. 中国马铃薯产业质量标准体系建设研究［J］. 中国食物与营养，05：17-22.
韩小江 . 2016. 哈密地区农户改种鲜食葡萄意愿及影响因素分析［D］. 石河子大学 .
胡豹 . 2004. 农业结构调整中农户决策行为研究［D］. 浙江大学.
李建军 . 2004. 产业集群技术创新系统的结构与运行方式研究［D］. 长春理工大学 .
李罗 . 2015. 内蒙古马铃薯产业的竞争力及其影响因素研究［J］. 商场现代化（28）：148-149.
李楠楠，李同昇，于正松，等 . 2014. 基于 Logistic-ISM 模型的农户采用新技术影响因素——以甘肃省定西市马铃薯种植技术为例［J］. 地理科学进展，33（4）：542-551.
李沛文，何水清，张强 . 2013. 定西市安定区发展马铃薯产业的调研报告［J］. 甘肃农业（23）：3-4.
李强，张林秀 . 2007. 农户模型方法在实证分析中的运用——以中国加入 WTO 后对农户的生产和消费行为影响分析为例［J］. 南京农业大学学报（社会科学版），01：25-31.
李勤志，冯中朝 . 2009. 我国马铃薯生产存在的主要问题及对策研究［J］. 长江蔬菜（18）：83-85.
李文娟，秦军红，谷建苗，等 . 2015. 从世界马铃薯产业发展谈中国马铃薯的主粮化［J］. 中国食物与营养，21（7）：5-9.
梁武，张德亮，桂慧 . 2015. 关于马铃薯主粮化战略的思考［J］. 商（30）：252-252.

梁岩 .2015. 马铃薯主粮化的路径探索［J］. 中国粮食经济（3）：26-29.
林舟，王树辉 .2011. 企业行为的动态分析［J］. 现代经济信息（20）：58-58.
刘清娟 .2012. 黑龙江省种粮农户生产行为研究［D］. 东北农业大学 .
刘婷 .2014. 影响农产品贸易区域品牌发展的因素分析［J］. 价格月刊（3）：62-65.
刘霞 .2007. 社会学中的定量分析与模型［D］. 首都师范大学 .
刘小林 .2015. 马铃薯主粮化对粮食安全的积极影响及建议［J］. 农村经济与科技（11）：9-11.
刘修阁，吴嘉彧，季子淳，等 .2015. 马铃薯生产的制约因素及发展对策——以黑龙江省拜泉县为例［J］. 基层农技推广，09：61-62.
罗其友，刘洋，高明杰，等 .2015. 中国马铃薯产业现状与前景［J］. 农业展望，11（3）：35-40.
毛绪强，刘月姣 .2015. 甘肃：向马铃薯强省跨越［J］. 农产品市场周刊（4）：20-21.
孟祥海 .2014. 中国畜牧业环境污染防治问题研究［D］. 华中农业大学 .
农蔬种业 .2009. 中国马铃薯优势区域布局规划（2008—2015 年）［J］. 农业工程技术（农产品加工业），11：4-7.
农业部薯类专家指导组全国农业技术推广服务中心. 2016.04.21. 2016 年全国马铃薯生产指导意见［N］. 农民日报（003）.
农业部优质农产品开发服务中心 .2013. 中国马铃薯产业发展研究［M］. 中国农业出版社 .
庞昭进，郭安强，王有增，等 .2015. 发展我国马铃薯主粮化的建议［J］. 河北农业科学，03：106-108.
彭文兵 . 2001. 经济社会学理论方法与运用——社会关系网络和社会资本视角下的企业研究［D］. 上海财经大学 .
沙靖宇 . 2012. 古典管理理论与行为科学理论的比较分析［J］. 学理论（13）：37-38.
石晓华，段跃，杨慧民，等 . 2015. 内蒙古阴山北麓地区马铃薯生产制约因素分析及对策研究［J］. 农业科技通讯，03：220-224.
宋雨河 . 2015. 农户生产决策与农产品价格波动研究［D］. 中国农业大学 .
谈璐 . 2014. 全球化进程中中国农民生产决策分析研究：一个文献综述［J］. 河南科技（20）：212-213.
童毅 . 2014. 农户经营规模决策行为的影响因素研究——以江苏省稻作农户为例［J］. 现代经济信息，08：91-92.
王翠华 . 2010. 农户参与耕地保护行为及影响因素研究——以井研县为例［D］. 四川农业大学 .
王宏康 . 2017. 甘肃省马铃薯产业发展现状与对策［J］. 甘肃农业科技（01）：54-56.
王娜，高瑛 . 2015. 农户种粮决策行为主要影响因素识别分析［J］. 农村经济，07：50-54.
危朝安 . 2007. 在全国马铃薯产业发展经验交流会上的讲话［J］. 中国马铃薯，21（6）：326-328.
文国宏，师祎，田世龙，等 . 2013. 2012 年甘肃省马铃薯产业现状、存在问题及发展建议［C］. 马铃薯产业与农村区域发展 .
肖潇 . 2011. 鞍山市农户有机蔬菜生产意愿及其影响因素分析［D］. 南京农业大学 .
徐斌，孙蓉 . 2016. 粮食安全背景下农业保险对农户生产行为的影响效应——基于粮食主产区微观数据的实证研究［J］. 财经科学，06：97-111.

杨红旗，王春萌 . 2011. 中国马铃薯产业制约因素及发展对策［J］. 种子，30（5）：100-103.

杨士荣，李永成 . 2017. 马铃薯主食化背景下种薯产业转型升级策略研究［C］. 中国马铃薯大会 .

杨帅，闵凡祥，高云飞，等 . 2014. 新世纪中国马铃薯产业发展现状及存在问题［J］. 中国马铃薯，28（5）：311-316.

易晓峰，罗其友 . 2015. 基于三阶段 DEA 的中国马铃薯主产区生产效率分析［J］. 中国农学通报，03：270-276.

尹江 . 2016. 2015 年河北省马铃薯产业发展现状、存在问题及建议［A］. 中国作物学会马铃薯专业委员会、河北省农业厅、张家口市人民政府 . 2016 年中国马铃薯大会论文集［C］. 中国作物学会马铃薯专业委员会、河北省农业厅、张家口市人民政府：3.

袁东征，肖维维，王红艳 . 2015. 制约马铃薯生产的几个障碍因素［J］. 西北园艺（蔬菜），02：49-50.

张春野 . 2011. 中国资源型城市产业转型升级中政府职能研究［D］. 武汉理工大学 .

赵崇铁 . 2012. 农户子女中等职业教育决策行为研究［D］. 福建农林大学 .

赵婧，赵贵宾，李星，等 . 2015. 甘肃省推进马铃薯主粮化行动的几点思考［J］. 中国马铃薯，03：182-185.

赵壹 . 2004. 心理学与经济学的融合——经济学理论发展趋势评析［D］. 云南大学 .

钟鑫，蒋和平，张忠明 . 2016. 我国马铃薯主产区比较优势及发展趋势研究［J］. 中国农业科技导报，02：1-8.

周清明 . 2009. 农户种粮意愿的影响因素分析 [J]. 湖湘三农论坛 (5): 25-30.

朱聪 . 2013. 我国马铃薯生产发展历程及现状研究 [J]. 安徽农业科学, 27: 121-123.

朱吉雨, 沈月琴, 朱臻, 等 . 2016. 农户扩大经济林种植规模意愿及规模水平影响因素分析——以浙江省为例 [J]. 林业经济问题, 36 (2): 176-181.

Angulo, Ana M. and Gil, José M. 2007. Risk Perception and Consumer Willingness to Pay for Certified Beef in Spain, Food Quality and Preference, No. 18, pp. 1 106-1 117.

Biing - Hwan Lin, Steven T. 2004. Yen. U. S. Potato Consumption [J]. Journal of Food Products Marketing, 10 (2): 49-65.

John Habvey Kellogg. 1929. The potato our best food staple [J]. American Potato Journal, 6 (4): 99-109.

Lutaladio N B, Burlingame B. 2009. WITHDRAWN: The nutrient composition of potato in the International Year of the Potato [J]. Journal of Food Composition & Analysis.

M Wandel, R Fagerli, U Kjærnes. 2001. Changes in potato consumption in different stages of life in Norway [J]. Appetite, 36 (3): 211-223.

Seabrook L, Mc Alpine C, Fensham R. 2008. What influences farmers to keep trees? a case study from the brigalow belt, queensland, Australia. Landscape and Urban Planning, 84.